HISTOIRE INTÉRIEURE

DE ROME

JUSQU'A LA BATAILLE D'ACTIUM

TIRÉE DES ROEMISCHE ALTERHÜMER

DE

L. LANGE

PAR

A. BERTHELOT ET DIDIER

PARIS

ERNEST LEROUX, ÉDITEUR

28, Rue Bonaparte, 28

1886

FASCICULE Nᵒ

Ammonius, II, 354.
T. Ampius Balbus, tribun 63, II, 288;
préteur 58, 326.
Anagnia, I, 345.
Q. Ancharius, II, 147.
Q. Ancharius, tribun 59, II, 313 ; préteur 56, 349. 367.
Ancus Hostilius, I, 33.
Ancus Martius, I, 31. 59. 60. 62. 63. 66. 69. 70. 74. 77.
Andriscus, I, 586.
L. Anicius Gallus, préteur 168, I, 555. 562. 572.
Annalis, préteur 43, II, 620.
Annia Paculla, I, 494.
L. Annius, tribun 110, II, 68.
Q. Annius, II, 254. 276.
L. Annius Bellienus, II, 172. 251.
C. Annius Luscus, préteur 82, II, 166. 183.
T. Annius Luscus, consul 153, II, 17.
T. Annius Milo, tribun 57, II, 341. 344-352 ; accusé par Clodius, 356. 357. 360. 364 et seq. ; candidat au consulat de 52, 399. 400. 401 ; assassine Clodius, 403 et seq. ; 413. 415 et seq. 478. 479.
Annus Confusionis, II, 505.
Anticato, II, 523.
Antiochus, I, 471. 559.
Antiochus de Commagène, II, 288. 384. 655.
Antiochus de Syrie, II, 287.
Antistius, tribun 319, I, 312.
L. Antistius, tribun 58, II, 338. 342.
P. Antistius, tribun 88, II, 135; préteur 86, 150. 160.
T. Antistius, II, 473.
Antistius Vetus, II, 234.
C. Antistius Vetus, tribun 56, II, 352; 514. 592. 597, note 13.
M. Antius Briso, tribun 137, I, 603.
C. Antius Restio, tribun 70 (?), II, 218.
Antium, colonie, I, 296. 311.
C. Antonius (deuxième fils de l'orateur, oncle du triumvir), II, 202. 218. 251. 253; consul 63, 257. 261. 268. 274. 277. 281. 282. 311. 470. 564; censeur 42, 632.

C. Antonius (frère du triumvir), II, 467. 484; préteur 44, 532. 555. 564. 569; 580. 581. 592. 598 ; mis à mort par M. Brutus, 626.
L. Antonius (frère du triumvir), tribun 44, II, 555. 560. 562. 563. 564. 569. 580. 605; consul 41, 634; lutte contre Octave, 634 et seq.; à Pérouse, 638; traite, 639; proconsul d'Espagne, 641 ; sa mort, 649.
M. Antonius (l'orateur), II, 62. 67; consul 99, 93. 94. 95. 98; censeur 97, 81. 99. 100; 105. 112. 124 ; égorgé en 87, 147.
M. Antonius Creticus (fils de l'orateur et père du triumvir), II, 198. 228.
M. Antonius (le triumvir), II, 390. 401. 415; augure 50, 444; tribun 49, 445. 453. 454; s'enfuit auprès de César, 456; 463. 464. 467; maître de la cavalerie, 481-489; consul 44, 531. 532. 534. 537. 539. 543; héritier de César, 547. 548. 549. 550. 551; a un pouvoir supérieur à celui de César, 554-556. 572; attaque Cicéron, 573. 574; menace Octave, 574; fait le siège de Modène, 584 ; négocie avec le Sénat, 587. 588. 589; ses lois et actes sont annulés, 590; est battu, 594. 599; va en Étrurie, 603-605; gagne Lépide, 606; triumvir, 617. 618; fait les proscriptions, 619-621; 622. 623. 624. 625; vainqueur à Philippes, 628. 629; en Asie, 631. 642. 643; signe le traité de Brindes, 644-647; entrevue de Misène, 650. 651; fait la guerre en Asie, 655. 663. 667; traité de Tarente, 656. 657; donne des provinces romaines à Cléopâtre, 663. 664. 667; accusé par Octave, 668. 669; battu à Actium, 672; sa mort, 673; 698.
Q. Antonius Balbus, préteur 82, II, 165.
Antyllos, II, 54.
Antyllos, fils de M. Antonius, II, 657.
Anxur, voir Terracina.
Aperire imagines, I, 241.
Apicius, II, 106.
Apion, roi de Cyrène, II, 198.

Apollo Palatinus, II, 667.
Q. Aponius, II, 510.
C. Appius, II, 504.
L. Appuleius, gouverneur de Macédoine, II, 347.
M. Appuleius, II, 592. 642.
P. Appuleius, tribun 43, II, 586. 599. 613.
C. Appuleius Decianus, tribun 98, II, 97. 98. 695, note 7.
L. Appuleius Saturninus, tribun 103, II, 80. 81. 87 et seq; tribun 100, 93. 94. 715.
Aqua Appia, I, 326. 595.
— *Marcia*, I, 595. II, 667.
— *publica*, I, 502.
— *Tepula*, II, 32.
Aquæ et ignis interdictio, I, 451.
Aquæ Sextiæ, II, 59. 82.
Aquileia, colonie, I, 506. 510.
M. Aquilius, consul 129, II, 29. 30.
M. Aquilius, II, 44. 81; consul 101, 87. 98. 134. 152.
M. Aquilius, II, 219.
P. Aquilius Gallus, tribun 55, II, 371. 373. 378.
Ara Cæsaris, II, 553. 560. 625.
Ara Maxima, I, 327.
Arabion, II, 632.
Archelaüs, II, 152. 184.
Archias, II, 292.]
Ardea, colonie, I, 296. 441.
Arelate, colonie, II, 530. 639, note 12.
Argei, I, 22.
Aricia, I, 295. 301.
Ariminum, I, 366. 367. 369. 370. 371.
Ariobarzane, II, 130. 134. 288. 486. 627.
Arioviste, II, 318. 319.
Aristion, II, 152.
Aristobule, II, 287.
Aristonicus, II, 23. 29. 30.
Armaria, I, 240.
Arpinum, I, 345.
Arretium, II, 189.
Q. Arrius, préteur ou propréteur 82, II, 203.
L. Arruntius, II, 652.
Arsaces, II, 285.
Arsinoé, II, 643.

Artavasdes, II, 664. 667.
Asander, II, 486.
Asculum, II, 119. 128. 130.
Asia, province, II, 30. 37. 39 et seq. 155. 642. 643.
P. Asicius, II, 353. 354.
C. Asinius Pollio, tribun 47, II, 483; préteur 45, 519. 552; rappelé d'Espagne, 608; se joint à Antoine, 646; gouverneur de la Cisalpine, 626; 635. 636. 638; consul 40, 639. 640. 645. 649; 653. 668.
Assidui, I, 103. 104. 118. 159.
Assignations de César, 46, II, 501; en 45, 529.
— d'Octave, 41, II, 633 et seq. 661. 672.
C. Ateius Capito, tribun 55, II, 371. 373. 378. 444. 711.
Atella, colonie, I, 303. 480 et seq.
A. Aternius, I, 164. 191.
Athenion, II, 86. 87.
Atia, II, 409. 445. 568. 570.
Atilii, I, 374.
L. Atilius, tribun 311, I, 323.
A. Atilius Calatinus, consul 258 et 254, I, 374. 375; dictateur 249, 379. 380. 427. II, 687.
L. Atilius Longus, tribun consulaire 444, I, 199.
M. Atilius Regulus, consul 267, I, 374.
M. Atilius Regulus, censeur 214, I, 419. 421.
C. Atilius Serranus, consul 257, I, 375.
C. Atilius Serranus, édile curule 194, I, 459.
C. Atilius Serranus, II, 147.
Sex. Atilius Serranus, consul 136, I, 603. 606.
Sex. Atilius Serranus Gavianus, tribun 57, II, 341. 344. 345. 351.
C. Atinius, tribun 197, I, 455.
C. Atinius Labeo, tribun 131, II, 28. 29. 695. 702.
M. Atius Balbus, II, 316. 409.
Q. Atius Labienus, II, 263.
Q. Atius Labienus (T. fil.), II, 644.
T. Atius Labienus, tribun 63, II, 263.

264. 266. 288. 407. 447. 448. 459. 491. 495. 496. 510. 514.

P. Atius Varus, II, 466. 467. 490. 491. 496. 507. 510. 514.

Atta Clausus, I, 63. 82 et note 1. 244.

Attale, I, 471. 494. II, 16. 23. 39.

Attus Navius, I, 32. 70. 82.

Auctor generis, I, 243.

Auctoritas patrum, I, 278. 281 et seq. 353. 358. II, 709.

— *senatus*, I, 360. II, 709.

Aufidius (?), II, 163.

Cn. Aufidius, tribun 170, I, 541. 566.

M. Aufidius Lusco, tribun 64, II, 298.

Cn. Aufidius Orestes, consul 71, II, 204.

Auguraculum, II, 474.

Augures, I, 54. 86. 87, note 2. 336. II, 174. 488.

Augurium oblativum, II, 700.

Augustalia, II, 717.

Auguste, voyez Octave.

Aurelia, II, 294.

Aurelia Orestilla, II, 273.

Aurelius Cotta, tribun 49, II, 464.

Aurelius Opilius, II, 108.

C. Aurelius Cotta, consul 252, I, 375. 383 ; censeur 241, 385. 386.

C. Aurelius Cotta, II, 106. 112. 121. 202 ; consul 75, 196. 212. 716.

L. Aurelius Cotta, consul 144, I, 595. II, 25.

L. Aurelius Cotta, consul 119, II, 44. 58.

L. Aurelius Cotta, tribun 104, II, 79.

L. Aurelius Cotta, préteur 70, II, 215. 217 ; consul 65, 245 ; censeur 64, 253 ; 276. 343. 542. 583.

M. Aurelius Cotta, consul 74, II, 197. 198. 200. 201. 224. 226. 236. 237.

M. Aurelius Cotta, préteur 55, II, 466.

L. Aurelius Orestes, consul 157, I, 568.

L. Aurelius Orestes, consul 126, II, 33.

M. Aurelius Scaurus, consul 108, II, 75. 77.

Aureus, II, 500.

Aurum coronarium, II, 321.

Aurum Tolosanum, II, 90.

L. Aurunculeius Cotta, II, 407.

P. Autronius Pætus, consul désigné pour 65, II, 245. 258. 269. 274 282.

P. Autronius Pætus, consul 34, II, 666.

Auspicia, I, 7.

Auspicia impetrativa, II, 700.

Auspicia publica, I, 38. 47.

Ausones, I, 11.

Autochtones, I, 8.

Auximum, colonie, I, 568.

Aventin, I, 60.

Aves remores, I, 22.

Aves Titiæ, I, 32.

B

Bacchanales, I, 494 et seq.

Bæbius, tribun 100, II, 91.

C. Bæbius, tribun 111, II, 63. 68.

Cn. Bæbius, tribun 203, I, 434.

L. Bæbius, tribun 180 (?), I, 511.

M. Bæbius, II, 147.

Q. Bæbius, tribun 200, I, 445.

Q. Bæbius Sulca, tribun 180 (?), I, 511.

Cn. Bæbius Tamphilus, consul 182, I, 509.

M. Bæbius Tamphilus, consul 181, I, 509. 511.

βασιλεύς, I, 5.

Basilica Æmilia, II, 399.

— *Julia*, II, 399.

— *Opimia*, II, 56.

— *Porcia*, I, 505. II, 697.

Bellona, I, 326.

Bellum Octavianum, II, 144.

Beneventum, colonie, I, 366.

T. Betutius Barrus, II, 112, note 2.

Bissextus, II, 506.

C. Blossius, de Cumes, II, 9. 22.

Bocchus de Mauritanie, II, 66. 78.

Bocchus, roi de Mauritanie, II, 472. 495. 510. 637. 66.

Bogud, roi de Mauritanie, II, 472. 513. 637.

Bona dea, II, 294.
Bononia, I, 475. II, 617.
Bovianum, II, 131.
Bovillæ, I, 295. 302.
Brogitarus, II, 339.
Brundisium, colonie, I, 384 ; traité, 646. 647.
Bruttiani, I, 522.
Bruttius Sura, II, 152.
Brutus, voyez Junius.
Bulla aurea, I, 242. 407.
Buthrotum, colonie, II, 561.
Buxentum, colonie, I, 455. 465. 495.

C

Cabire, II, 226.
Cæcilia, II, 122.
Cæcilia Metella, II, 135.
Q. Cæcilius Bassus, II, 511. 519. 524. 597.
C. Cæcilius Cornutus, tribun 61, II, 295 ; préteur 57, 341.
C. Cæcilius Metellus, II, 162. 235.
L. Cæcilius Metellus, consul 251 et 247, I, 375.
L. Cæcilius Metellus, tribun 213, I, 418. 421.
L. Cæcilius Metellus, consul 68, II, 214. 221. 228. 235.
L. Cæcilius Metellus, tribun 49, II, 445. 464.
M. Cæcilius Metellus, préteur 69, II, 214. 271.
Q. Cæcilius Metellus, consul 206, I, 515.
Q. Cæcilius Metellus Balearicus, consul 123, II, 60. 62.
L. Cæcilius Metellus Calvus, consul 142, I, 597. 607.
C. Cæcilius Metellus Caprarius, censeur 102, II, 62. 88.
Q. Cæcilius Metellus Celer, tribun 90, II, 120.
Q. Cæcilius Metellus Celer, préteur 63, consul 60, II, 258. 264. 269. 271. 281. 297. 298. 301. 302. 314. 318. 329.

Q. Cæcilius Metellus Creticus, consul 69, II, 196. 214. 237. 238. 271. 292. 300. 301. 318.
L. Cæcilius Metellus Delmaticus, consul 119, II, 58 ; censeur 115, 60. 61 ; grand pontife, 62. 80.
L. Cæcilius Metellus Diadematus, II, 49.
Q. Cæcilius Metellus Macedonicus, consul 143, censeur 131, I, 586. 587. 590. 595. 596. II, 17. 22. 27. 28. 55. 62. 695.
Q. Cæcilius Metellus Nepos, consul 98, II, 97. 99.
Q. Cæcilius Metellus Nepos, tribun 62, consul 57, II, 289 et seq. 302. 340 et seq. 350. 357. 362. 373. 386.
Q. Cæcilius Metellus Numidicus, consul 109, censeur 102, II, 70 et seq.. 74. 90. 92. 96.
Q. Cæcilius Metellus Pius, consul 80, II, 132. 145. 146. 157. 174. 185 et seq.. 195. 199. 205. 210. 246. 247. 266. 304.
Q. Cæcilius Metellus Scipio (= P. Cornelius Scipio Nasica), consul 52, II, 214. 399. 400. 404. 418. 426. 454 et seq. 461. 473 et seq. 490-496.
Q. Cæcilius Niger, II, 213.
L. Cæcilius Rufus, tribun 63, préteur 57, II, 257. 258. 262. 341. 344. 393.
A. Cæcina, II, 526.
Cæles Vibenna, I, 24. 33. 36. 64.
Cælius, mons, I, 23.
C. Cælius, tribun 51, II, 429.
C. Cælius Caldus, tribun 107, II, 75 ; consul 94, 252.
C. Cælius Caldus, questeur 50, II, 451.
M. Cælius Rufus, tribun 52, II, 311. 363. 383. 404. 410. 413. 414. 416. 420. 431. 440. 444. 448. 454. 458. 469. 471. 477 et seq. 482.
M. Cælius Vinicianus, tribun 53, II, 398. 429. 486.
M. Cæparius, II, 254. 276 et seq.
Cære, I, 16. 300. 303.
Cæritum tabulæ, I, 106.
L. Cæsetius Flavus, tribun 44, II, 537.

Calatia, I, 303. 482. 528.

Calendrier, réforme de César, II, 504. 505.

Calès, colonie, I, 304. 305. 367. 441.

M. Calidius, préteur 57, II, 248. 341. 343. 386. 393. 430. 454. 472.

Q. Calidius, tribun 98, préteur 79, II, 96. 184. 186. 207.

Calpurnia, II, 570.

L. Calpurnius Bestia, tribun 120, consul 111, II, 58. 66. 68. 69.

L. Calpurnius Bestia, tribun 91, II, 119. 121.

L. Calpurnius Bestia, tribun 62, II, 254. 274. 280.

L. Calpurnius Bibulus, M. fil., II, 629.

M. Calpurnius Bibulus, préteur 62, consul 59, II, 282. 304 et seq. 307. 312. 313. 322 et seq. 330. 350. 355. 405. 425. 432. 441. 473. 474.

C. Calpurnius Piso, consul 180, I, 552.

C. Calpurnius Piso, consul 67, II, 218. 221. 224. 227. 230. 232. 233. 234. 262.

Cn. Calpurnius Piso, proquesteur 65, II, 245. 246. 256. 277. 283.

L. Calpurnius Piso, tribun ou préteur 89, II, 124.

L. Calpurnius Piso, préteur 74, II, 235.

Q. Calpurnius Piso, consul 135, I, 606.

L. Calpurnius Piso Cæsoninus, consul 112, II, 75.

L. Calpurnius Piso Cæsoninus, consul 58, censeur 50, II, 317. 325. 327. 329. 332. 342. 366. 377. 386. 442 et seq. 455. 472. 506. 565. 575. 586. 594. 595.

L. Calpurnius Piso Frugi, consul 133, I, 573. 576. 577. 594. II, 10. 40. 41. 60.

L. Calpurnius Piso Manilius, consul 148, I, 584.

C. Calvisius Sabinus, consul 39, II 649. 654. 662. 670.

Camerinum, ville fédérée, I, 373.

Campus stellatis, II, 315.

P. Canidius Crassus, consul 40, II, 649. 663. 668. 672.

L. Caninius Gallus, tribun 56, II, 355. 356. 377.

L. Caninius Gallus, consul 37, II, 654.

C. Caninius Rebilus, consul suff. 45, II, 532.

Cannes, bataille, I, 415.

Ti. Cannutius, tribun 44, II, 560. 566. 570. 574. 577. 579. 639.

C. Canuleius, I, 189.

L. Canuleius, préteur 171, I, 536. 539.

Capita civium (recensement), I, 304. 309. 324. 347. 367. 381. 385. 400. 440. 464. 484. 519. 528. 549. 562. 568. 574. 588. 599. 604. II, 28. 31. 219.

Capite censi, I, 104. 105. II, 73. 107.

Capitolinus, mons, I, 23.

Capitolium Vetus, I, 28. 79.

Capua, I, 303. 311. 479 et seq.; II, 178. 316.

D. Carfulenus, tribun 44, II, 560. 566. 579.

Carmen precationis, I, 599.

Carneades, I, 572.

Carrhes, II, 408. 409.

Carseoli, colonie, I, 344. 346. 441.

Carteia, colonie, I, 369. 536.

Carthage, I, 373. 581 et seq.

Carthaginois, I, 16.

Carthago, colonie *junonia*, II, 43. 51. 54. 56.

L. Carvilius, tribun 212, I, 422.

Sp. Carvilius, consul 293, I, 342. 347.

Sp. Carvilius, tribun 212, I, 422.

Sp. Carvilius Maximus Ruga, consul 235, I, 393. 442.

C. Casca, tribun 44, II, 549.

Casilinum, colonie, II, 316. 559.

C. Cassinius Schola, II, 446.

Cassius, tribun 56, II, 352.

C. Cassius, tribun 89, II, 126.

L. Cassius, II, 134.

C. Cassius Longinus, consul 171, I, 537. 538. 573 et seq.

C. Cassius Longinus, questeur 55, II, 409. 432. 433. 442; tribun 49,

445. 460. 464. 541 ; préteur 44, 532. 541. 550 ; quitte Rome après l'assassinat de César, 553 ; on lui enlève la Syrie, 558 ; 562. 571. 576. 591. 593. 594. 597. 598. 612. 614 ; condamné par Octave, 615 ; sa situation en 42, 626 ; lutte contre Dolabella, 627 ; soumet les Rhodiens, 628 ; vaincu à Philippes et se donne la mort, 628. 629.

L. Cassius Longinus, tribun 137, I, 602 ; censeur 125, II, 32 ; questeur 113, 62.

L. Cassius Longinus, préteur 111, II, 67 ; consul 107, 75.

L. Cassius Longinus, tribun 104, II, 79.

L. Cassius Longinus, préteur 66, II, 243. 251. 254. 274. 276.

L. Cassius Longinus, II, 383 ; tribun 44, 528. 560. 578. 597. 601. 643.

L. Cassius Longinus, II, 629.

Q. Cassius Longinus, tribun 49, II, 445. 454. 455. 463. 466. 492. 493.

Cassius Parmensis, II, 629. 665.

Cassius Sabacon, II, 74.

C. Cassius Varus, consul 73, II, 202. 203. 204. 240. 620.

Sp. Cassius Vecellinus, consul 486, I, 133. 152. 294. 296. II, 17.

Castor, II, 529.

Castrum, I, 446.

Castrum Ferentinum, I, 466.

Castrum Novum, I, 345. 473.

Celeres, I, 55.

Celtes, I, 16. 17.

Cena novendialis, II, 404.

Cens, I, 91. 97. 320. 321.

Censorinus, II, 130 ; voyez Marcius.

Censure, I, 97. 98 ; établie en 444, 211 et seq. ; donnée à des plébéiens, 248. 270. 271. 282. 316. 479 et seq. ; II, 74. 181. 212. 418.

Census equester, I, 254.

M. Centenius Pœnula, I, 426.

Centuria, I, 50. 101. 105.

Centuria equitum, I, 55 ; modifiée après 366, 249. 253.

Centuriæ juniores, I, 100. 105.

— *seniores*, I, 100. 105.

Centuriæ peditum, I, 101, note 4. 249.

Cermalus, mons, I, 23. 27.

César (*C. Julius Cæsar*), sa jeunesse, II, 175. 201. 202 ; soutient les tribuns, 203. 230 et seq. ; 237. 240 ; son rôle dans la conjuration de Catilina, 246 ; édile curule, 248. 249. 251 ; soutient Catilina en 64, 252. 254. 257 ; conseille Rullus, 261. 262 et seq. ; grand pontife, 266 ; 277 ; discours sur la conjuration de Catilina, 278. 279. 283 ; préteur, 289 ; 291. 294 ; répudie sa femme, 296 ; campagne d'Espagne, 303 et seq. ; candidat au consulat, 305 ; forme le triumvirat, 305. 306 ; consul 59, 307 ; ses lois consulaires, 307-317 ; obtient la Gaule, 317. 333. 337 ; accusé en 58, 338 ; campagnes de Gaule, 360. 361. 365. 366. 367. 373. 378. 379. 389. 407. 408. 422. 423. 433 ; à Lucques, 362 ; dirige la politique de Rome, 380 ; gagne Cicéron, 384. 385. 387. 391. 401 ; demande le consulat, 409. 410. 412 ; attaqué par Pompée, 419. 420 ; conflit avec Pompée, 424. 425. 426. 427. 428. 429 ; s'attache Curio, 434. 435 ; discussion sur son remplacement en Gaule, 436 et seq. ; 440 ; vient en Cisalpine, 446. 447 ; fait des offres au sénat, 452. 453 ; attaque le sénat, 455. 456 ; guerre civile, 457-465 ; en Espagne, 465-466 ; dictateur 49, 468-472 ; en Épire, Pharsale, 473-475 ; obtient de nouveaux pouvoirs, 479 ; seconde dictature, 479. 480. 481 ; guerre d'Egypte, 481 ; en Asie, 485. 486 ; ses lois, 486. 487. 488 ; pardonne aux Pompéiens 489 ; ses rapports avec Cicéron, 490 ; en Afrique, 490. 491. 495. 496. 497 ; révolte des légions d'Italie, 492. 493 ; nomme les gouverneurs des provinces, 494. 495 ; nouveaux honneurs après Thapsus, 498. 499 ; célèbre quatre triomphes, 499. 500 ; donne des terres à ses soldats, 501. 529 ; censeur, 502. 504 ; réforme du

calendrier, 504. 505 ; pardonne aux Pompéiens, 507. 526 ; réorganise la justice et les magistratures, 508. 509. 518. 531 ; Munda, 510. 513. 514 ; consul *sine collega*, 512 ; nouveaux honneurs après Munda, 515-517 ; affaiblissement de ses facultés, 521. 522 ; nouveaux honneurs, 523. 525. 526. 534. 535-537 ; ses derniers projets, 524. 525 ; manifestations en vue de la royauté, 537. 539. 542 ; dictateur à vie, 538 ; complot de 44, 541. 542. 543 ; sa mort, 543 ; ses actes et son testament confirmés par le sénat, 547. 548 ; ses funérailles, 549 ; honneurs accordés par les triumvirs en 42, 624. 625 ; 688. 689. 692. 716. 717.

C. Cestilius, tribun 57, II, 341.

χαρωνῖται, II, 557.

Chéronée, bataille, II, 152.

Cicéron (*M. Tullius Cicero*), I, 172. 185. 603 ; défend Sex. Roscius, II, 182. 189 ; procès de Verres, 213-216 ; défend P. Oppius, 236 ; soutient la loi Manilia, 240 ; défend A. Cluentius, 243 ; C. Manilius, 244 ; Catilina, C. Cornelius, 247 ; Q. Gallius, 248 ; candidat au consulat, 251-253 ; consul 63, 257 et seq. ; combat Rullus, 258. 261. 262 ; défend Rabirius, 264. 265 ; ses lois, 266. 268 ; dénonce Catilina, 269-279 ; défend L. Muréna, 280 ; fin de son consulat, 280. 281 ; défend P. Cornelius Sulla, 283 ; Archias, 292 ; procès de Clodius, 296 ; se lie avec Pompée, 297. 300. 301. 306 ; défend C. Antonius, 311. 313. 314. 315. 316. 322 ; défend L. Valerius Flaccus, 323. 324. 329. 330. 331. 332 ; exilé en 58, 333-335 ; son rappel, 339-347 ; soutient Pompée, 348 ; est poursuivi par Clodius, 350. 351 ; discours *de Alexandrino rege*, 353. 355 ; défend P. Asicius, 353 ; L. Calpurnius Bestia, Sestius, 359. 360 ; défend M. Cælius Rufus, 363. 364. 367 ; défend L. Cornelius Balbus, 370 ; 372. 374. 377. 383. 384 ; se rapproche de César, 384 ; défend Plancius, Scaurus, 385. 386 ; attaque A. Gabinius, 391 ; le défend, 394. 395 ; 396. 399. 400. 401 ; son entrevue avec César en 52, 410 ; augure, 413 ; défend T. Annius Milo, 416. 417 ; gouverneur de Cilicie, 425. 432. 433. 437. 438. 442. 451 ; ses idées sur César et Pompée, 451. 452 ; se prononce pour Pompée, 453 ; sa conduite pendant la guerre civile, 457. 458. 463. 468. 489. 490 ; 503 ; discours *pro Marcello*, 507 ; 522. 523 ; n'est pas prévenu de la conjuration de 44, 543 ; parle en faveur des conjurés, 547 ; 1ʳᵉ Philippique, 572, 573 ; s'unit avec Octave, 575. 576. 577 ; Philippiques, 582-593. 595. 596. 600 ; se défie d'Octave, 607 ; désire le consulat, 610 ; combat la candidature d'Octave au consulat, 611 ; organise la lutte et fuit, 613 ; sa mort, 620.

Cilicia, province, II, 93.

C. Cilnius Mæcenas, II, 112.

C. Cilnius Mæcenas, voyez Mécènes.

Cimbres, II, 67. 75.

M. Cincius Alimentus, tribún 204, I, 436.

Cincinnatus, voyez Quinctius.

Cinéas, voyez Kinéas.

Circéi, colonie, I, 296. 297 ; se révolte, 301 ; 441.

Circus Flaminius, I, 403.

— Maximus, I, 71. 77.

Cispius, mons, I, 23.

M. Cispius, tribun 57, II, 341. 344. 383.

Cives (= *quirites*), I, 62.

Cives cum et sine suffragio, I, 60. 298. 300. 324. 383 et seq. 482.

— *optimo jure*, I, 482.

Civitas, I, 298. 300. 304. 315. 367. 385.

Civitates fœderatæ, I, 383.

— *liberæ*, I, 587.

— *liberæ et immunes*, I, 389.

— *stipendiariæ*, I, 389.

Classes, I, 100. 101 et note 4.

Clastidium, I, 399.

Claudia, femme de Cicéron, II, 540.

Appius Claudius, consul 495, I, 132.

Appius Claudius, décemvir, I, 171. 177. 179. 180. 182.

M. Claudius, client du décemvir, I, 179. 180.

Q. Claudius, tribun 249, I, 405.

Ti. Claudius, préteur 176, I, 533.

Ti. Claudius Asellus, tribun 141, I, 599. 600.

Appius Claudius Cæcus, I, 175 ; censeur 312, 315. 317. 318 et seq. 324. 325. 326. 327. 338. 341. 357. 364. 377. 378.

M. Claudius Glicia, dictateur 249, I, 379. II, 688. 689.

C. Claudius Marcellus, augure, II, 430.

C. Claudius Marcellus, fils du précédent, consul 50, II, 426. 430. 440. 448. 449. 462. 506. 575. 647.

C. Claudius Marcellus, consul 49, II, 445. 491, note 10.

M. Claudius Marcellus, consul 222, I, 399. 413. 419. 422. 424. 431. 452.

M. Claudius Marcellus, censeur 189, I, 477. 478 et seq. 483.

M. Claudius Marcellus consul 168, I, 537. 542. 568. 569. 571.

M. Claudius Marcellus, (consul 51), II, 357. 386. 415. 416. 421. 424-429. 439. 453. 454. 506. 507.

M. Claudius Marcellus, fils d'Octavie, II, 651.

Claudius Nero, sénateur, I, 502.

C. Claudius Nero, consul 207, I, 420. 425. 433. 440. 443.

Ti. Claudius Nero, consul 202, I, 432.

Ti. Claudius Nero, II, 279.

Ti. Claudius Nero, préteur 40, II, 639 ; 652. 653.

Appius Claudius Pulcher, consul 185 , I, 499.

Appius Claudius Pulcher, consul 143, I, 595 et seq. 603 et seq. ; II, 3. 4. 9. 15. 22. 25.

Appius Claudius Pulcher, propréteur 87, II, 144. 150 ; consul 79, 186. 193. 197. 198.

Appius Claudius Pulcher, II, 225. 276 ; préteur 57, 341. 344-346. 362 ; consul 54, 378. 380. 384. 391. 392. 396. 397. 416. 438. 442-444. 448. 449. 462. 488.

Appius Claudius Pulcher, II, 405. 415 ; consul 36, 653.

C. Claudius Pulcher, consul 177, I, 522. 525. 527. 533. 538. 543 et seq.

C. Claudius Pulcher, préteur 56, II, 349. 368. 381. 431. 470.

P. Claudius Pulcher, consul 249, I, 377. 378. 379 ; II, 688.

P. Claudius Pulcher, consul 184, I, 499.

P. Claudius (Clodius) Pulcher, II, 227. 246 ; questeur 61, 294-296. 300. 302. 303. 312. 317. 325 ; tribun 58, 326. 327-329. 330-337. 338. 339. 341. 344. 346. 347. 352. 356. 357. 359. 363-370 383. 386. 400. 401. 403. 412. 700. 716.

Cléon, II, 9.

Cléopâtre, II, 481. 628. 643. 663. 667. 670. 671. 672. 673.

Cléopâtre, fille d'Antoine, II, 663.

Cliens libertinus, I, 262.

Clientèle, I, 57, note 2. 262. 316. 434.

Clodia, II, 618. 634.

Clodiani, II, 369.

Clodius, voyez P. Claudius Pulcher.

L. Clodius, tribun désigné pour 47, II, 550.

Sex. Clodius, II, 329. 330. 348. 358. 360. 403. 417. 556.

Clodius Bithynicus, II, 629.

Cloelii, I, 34.

A. Cluentius Habitus, II, 243.

L. Cluvius, II, 670.

L. Cocceius Nerva, consul 39, II, 645. 646. 653. 656.

M. Cocceius Nerva, consul 36, II, 659.

Coercitio (des tribuns), II, 701.

Cognati, I, 240 et note 10. 551.

Cognomen, I, 242.

Cohors exulum romanorum, I, 117.

Cohors prætoria, I, 607. II, 588.

Coitio, I, 499.

Collegia, II, 253. 301. 328. 375. 487.

Collegium tribunorum, II, 712.

Colonia latina libertinorum, I, 537.

Coloniæ albanæ, I, 19.

Coloniæ civium maritimæ, I, 74. 345.
Coloniæ civium romanorum, I, 344. 440. 505.
Coloniæ latinæ, I, 296. 369. II, 231.
Coloniæ latinæ novæ, I, 296. 300.
— — *priscæ*, I, 296.
Colonies de César, II, 501. 529. 530. 548.
— de C. Gracchus, II, 42. 50. 51. 52.
— de C. Marius, II, 95.
— d'Octave, II, 634. 661. 672.
— de Sylla, II, 177.
Columna rostrata, I, 376. II, 661.
L. Cominius, II, 243.
P. Cominius, II, 243. 247.
Comitia calata, I, 51, note 2.
— *centuriata*, I, 382 et seq. II, 140.
— *curiata*, I, 39.
— *tributa*, I, 188. 191 et seq.
Comitiatus maximus, I, 174.
Comitium, I, 30.
Commentarii Cæsaris, II, 546.
Commercium, I, 13, note 1. 294. 302. 556.
Commius, II, 443.
Compitalia, I, 68, note 3.
Compitum Fabricium, I, 49.
Comum, II, 320.
Conciliabula, I, 269.
Concilia plebis, I, 134. 141. 186 et seq.
— *populi*, I, 37. 115. 121. 126.
Concorde (temple de la), I, 228. 329. II, 56.
Concordia ordinum, I, 228. II, 221. 265. 299.
Conquisitores, II, 456.
Consecratio bonorum, I, 547. II, 29. 219. 339. 702.
C. Considius Longus, II, 507.
M. Considius Nonianus, préteur 52, II, 414. 456.
Constantin, empereur, II, 718.
Consualia, I, 28.
Consulat, date de l'entrée en fonction, II, 684, note 5.
Consules, I, 116.
Consus, I, 28.
Conubium, I, 13 et note 1. 238. 261. 294. 302. 369. 371. 484.

Cooptatio, I, 42.
Copia, colonie latine, I, 466. 487.
C. Coponius, préteur 49, II, 446.
Cora, colonie latine, I, 296. 441.
Corbio, I, 302.
Corfinium, II, 121.
Corinthe, I, 396 ; colonie, II, 530.
Coriolan, I, 141.
Corioli, I, 295. 302.
Cornelia, femme de Pompée, II, 409.
Cornelia, femme de César, II, 230.
Cornélie, mère des Gracques, II, 2. 27.
Cornelii, I, 25.
Cornelii, II, 175.
C. Cornelius, tribun 67, II, 223. 224. 233 et seq. 238. 243. 247. 248.
C. Cornelius, II, 254. 272. 282. 283.
P. Cornelius, tribun 51, II, 429.
L. Cornelius Balbus, II, 370. 426. 438. 452. 504. 523. 575 ; consul 40, 649.
L. Cornelius Balbus minor, II, 461.
C. Cornelius Cethegus, censeur 194, I, 459.
C. Cornelius Cethegus, II, 245. 271. 274 et seq.
C. Cornelius Cethegus, II, 415.
L. Cornelius Cethegus, I, 575.
M. Cornelius Cethegus, censeur 209, I, 433.
M. Cornelius Cethegus, consul 160, I, 565.
P. Cornelius Cethegus, consul 181, I, 509.
P. Cornelius Cethegus, II, 139. 157. 192. 197. 198. 200.
L. Cornelius Chrysogonus, II, 176.
L. Cornelius Cinna, consul 87, II, 144-149. 151. 154.
L. Cornelius Cinna, préteur 44, II, 532. 549.
Cn. Cornelius Dolabella, consul 159, I, 567.
Cn. Cornelius Dolabella, consul 81, II, 172. 201.
Cn. Cornelius Dolabella, préteur 81, II, 172. 189. 235.
L. Cornelius Dolabella, *duumvir navalis* 180, I, 510.
P. Cornelius Dolabella (gendre de

Cicéron), II, 443. 463. 471. 486. 487.
533. 546. 547. 551 ; obtient la Syrie,
558. 560. 561 ; consul 44, 563. 564.
572 ; va en Syrie, 577 ; est déclaré
ennemi public, 593. 602. 614. 625.
626 ; sa mort, 627.

C. Cornelius Gallus, II, 634. 673.

Cn. Cornelius Hispanus, préteur 139,
I, 600.

Cn. Cornelius Lentulus, consul 201, I,
432.

L. Cornelius Lentulus, édile curule
205, I, 432.

P. Cornelius Lentulus, préteur 166, I,
561 ; prince du Sénat, II, 30. 55. 58·

P. Cornelius Lentulus, II, 147.

Cn. Cornelius Lentulus Clodianus,
consul 72, II, 203. 206. 209. 212. 239·

Cn. Cornelius Lentulus Clodiani filius,
II, 311. 318. 323.

L. Cornelius Lentulus Crus, II, 295 ;
préteur 58, 326. 333 ; consul 49,
445. 449. 453 et seq. 461. 473.

L. Cornelius Lentulus Lupus, censeur
147, I, 587 et seq.

Cn. Cornelius Lentulus Marcellinus,
consul 56, II, 349. 351 et seq. 366. 371.

P. Cornelius Lentulus Marcellinus,
questeur 75, II, 198.

L. Cornelius Lentulus Niger, II, 325. 393.

P. Cornelius Lentulus Spinther, II,
277 ; consul 57, 340 et seq. 353 et
seq. 438. 461. 475. 491, note 10.

P. Cornelius Lentulus Spinther (fils du
précédent), II, 597.

P. Cornelius Lentulus Sura, questeur
80, II, 189 et note 4 ; consul 71,
204 ; 218. 254. 274. 279.

L. Cornelius Merula, consul 193, I,
469. 477.

L. Cornelius Merula, consul 87, II,
143. 148. 175.

P. Cornelius Rufinus, consul 277, I,
348. 361. 362. 363.

Cn. Cornelius Scipio, consul 260, I, 375.

Cn. Cornelius Scipio, consul 222, I, 399.

P. Cornelius Scipio Africanus, I, 422 ;
consul 205, 430 et seq. ; censeur
199, 439. 445. 455 ; consul 194, 459 ;
va en Orient, 470 ; lieutenant de
son frère, 473 ; procès de son frère,
489 et seq.; sa mort, 491 ; a une statue, 500.

Cn. ou L. Cornelius Scipio (Africani
filius), I, 531.

P. Cornelius Scipio (Africani filius), I,
579.

P. Cornelius Scipio Africanus Æmilianus, I, 558. 574. 579. 580. 581 ; consul 147, assiège Carthage, 584. 585.
590. 591. 594 ; augure, 596 ; censeur,
597. 598 et seq.; 603. 604. 607. 608.
II. 3. 4. 9. 22. 23. 24. 25 ; sa mort,
26. 27.

L. Cornelius Scipio Asiaticus, consul
190, I, 473. 485 ; son procès, 488.
489. 491 ; 499. 502. 507.

L. Cornelius Scipio Asiaticus, consul
83, II, 156. 158. 163.

Cn. Cornelius Scipio Hispalli filius,
II, 99.

M. Cornelius Scipio Malaginensis, préteur 176, I, 513. 531.

P. Cornelius Scipio Nasica, I, 432.
470 ; consul 191, 472. 475. 477. 491.
499. 506. 507. 539.

P. Cornelius Scipio Nasica, consul 162,
I, 563 et seq. 566. 567. 569. 573. 580.
583. 586. 588. 590.

P. Cornelius Scipio Nasica Serapion,
consul 138, I, 604. II, 15. 16. 20. 29.

P. Cornelius Scipio Nasica, consul
111, II, 66.

P. Cornelius Scipio Nasica, voy. Q. Cæcilius Metellus Scipio.

L. Cornelius Sisenna, préteur 78, II,
214. 235. 237.

L. Cornelius Sulla, voyez Sylla.

L. Cornelius Sulla (= Faustus Sulla),
II, 241. 242. 386. 404. 491. 496.

P. Cornelius Sulla, P. f., II, 176. 245.
258. 283. 293. 493.

P. Cornelius Sulla, Ser. f., II, 254. 282.

Ser. Cornelius Sulla, II, 254. 282.

L. Cornificius, II, 415. 615 ; consul 35,
664, note 2.

Q. Cornificius, candidat au consulat
de 63, II, 251. 277.

Q. Cornificius, préteur 47, II, 487.
511. 519. 608. 615. 632.

M. Cornutus, préteur 43, II, 597. 613;
voyez Cæcilius.
Correus, II, 433.
Corsica, I, 396.
Ti. Coruncanius, consul 280, I, 373.
374.
Cosa, colonie latine, I, 366. 445. 455.
C. Cosconius, propréteur 89, II, 130.
C. Cosconius, préteur 63, II, 276. 310.
315. 324.
C. Cosconius, tribun 59, II, 313. 493.
Crates Mallotes, grammairien grec, I,
572.
Crémère, bataille, I, 157.
Crémone, colonie latine, I, 404. 441.
456. 473.
Creta, II, 228.
Crimen sodalicii, II, 375.
T. Crispinus, questeur 80, II, 179.
Critolaüs, I, 572. 587.
Critonius, édile 44, II, 569.
Crixus, II, 203.
Crotone, colonie de citoyens, I, 455.
Cumæ, I, 16. 18. 75. 88. 303. 480.
Cura annonæ, II, 87. 348. 576. 587.
Cura oræ maritimæ, II, 198. 228.
— *templi Capitolini restituendi*, II,
186.
— *urbis*, II, 503.
Curatores tribuum, I, 137. 154. II, 696.
Cures, I, 27.
Curia, I, 29.
Curia Hostilia, I, 377. II, 186. 403.
404. 625.
— *Julia*, II, 525. 625.
— *Pompeia*, II, 543. 625.
Curiæ, I, 23. 29. 48. 49. 50. 51.
Curia Acculeia, I, 48.
— *Faucia*, I, 48.
— *Foriensis*, I, 48.
— *Rapta*, I, 48.
— *Titia*, I, 48.
— *Veliensis*, I, 48.
— *Velitia*, I, 48.
Curiæ veteres, I, 49.
— *novæ*, I, 49.
Curiales, I, 29.
Curiatii, I, 34. 35.
M. Curiatius, tribun 138, I, 601.
P. Curiatius, décemvir 451, I, 171.

Curio, I, 50.
Curio Maximus, I, 53. 423. 535.
Q. Curius, II, 219. 254. 269. 283.
M. Curius Dentatus, consul 290, cen-
seur 272, I, 341. 348. 361. 362. 363.
366, 367.
C. Curtius, II, 395.
Q. Curtius, II, 388.
C. Curtius Peducæanus, préteur 50,
II, 431.
M. Curtius Peducæanus, tribun 57,
II, 341.
Cyprii, II, 369.
Cyprus, II, 368. 369.
Cyrène, province, II, 198.

D

Dalmatia, II, 646.
Dea dia, I, 25. 26.
Decemviri agris dandis assignandis, II,
115. 259. 607.
— *legibus scribendis*, I, 168 et
seq.
— *stlitibus judicandis*, I, 144.
II, 189.
— *sacrorum*, I, 338. II, 174.
L. Decidius Saxa, tribun 43, II, 591.
627. 643. 644.
C. Decimius Flavus, préteur 184, I, 511.
M. Decius, I, 323.
P. Decius, préteur 115, II, 62.
Q. Decius, tribun 120, II, 57.
P. Decius Mus, consul 340, I, 280.
P. Decius Mus, consul 308, I, 330. 331.
342. 347.
Decretum (décision du collège des tri-
buns), II, 712.
Decuria centurionum (juges), II, 566.
Decuriæ judicum, II, 216. 566.
Décuries, I, 50.
Dejotarus, II, 288. 339. 433. 485. 486.
528. 529. 626. 627.
Q. Dellius, II, 643. 671.
Demarate, I, 76.
Démétrius, fils de Philippe, I, 535.
Dertona, II, 32.
Diæus, I, 587.

Dianius, lucus, I, 20.
Dictator albanus, I, 20.
— *clavi figendi causa*, I, 269. II, 685. 687.
— *comitiorum habendorum causa*, I, 427. II, 469. 610. 686.
— *feriarum constituendarum causa*, II, 685.
— — *latinarum causa*, II, 685.
— *legibus scribendis et reipublicæ constituendæ*, II, 167.
— *ludorum faciendorum causa*, II, 685.
— *Perpetuus* (César), II, 538.
— *quæstionibus exercendis* (?), II, 686.
— *rei gerundæ causa*, II, 685. 687. 688.
— *senatus legendi causa*, I, 417. II, 686.
Dictature, I, 126 et seq; supprimée par Antoine, II, 551; dans quelles circonstances et par qui elle était établie, 677; devoirs du dictateur, 680. 681; s'il rendait la justice, 682; ne rendait pas de comptes, 683; durée de ses fonctions, 684; le dictateur commande l'infanterie, 686; dangers, décadence, 687; derniers dictateurs, 688. 689; le dictateur obligé de prendre un maître de la cavalerie, 692.
Didius, II, 510.
T. Didius, tribun 104, 11, 79; consul 98, 97. 252.
Dies comitiales, I, 337. 357.
— *fasti*, I, 328. 355. II, 505.
— *fasti non comitiales*, II, 328.
— *feriati*, II, 516.
— *nefasti*, I, 328.
— *nefasti principio*, I, 356.
Dies religiosus, II, 625.
Dii adventitii, I, 54.
Diogènes, I, 572.
Dion, II, 354.
Diophanes de Mitylène, II, 9. 22.
Discriptio classium et centuriarum, I, 100.

Divinatio, II, 213. 393.
Divisores, II, 224. 233. 268.
Divitiacus, II, 318.
Divus julius, II, 625.
Dolabella, voyez Cornelius.
C. Domitius, II, 119.
Cn. Domitius, censeur 280, I, 364.
Cn. Domitius Ahenobarbus, consul 192, I, 470.
Cn. Domitius Ahenobarbus, consul 122, II, 42; censeur 115, 60. 61.
Cn. Domitius Ahenobarbus, tribun 104, II, 80; grand pontife, 80; consul 96 et censeur 92, 107 et seq.
Cn. Domitius Ahenobarbus, II, 184.
Cn. Domitius Ahenobarbus, II, 542. 615. 630. 637. 639. 645. 646. 652. 665; consul 32, 668, 671.
L. Domitius Ahenobarbus, consul 94, II, 160. 194, note 7.
L. Domitius Ahenobarbus, II, 298; préteur 58, 325. 337. 339. 342. 362. 371; consul 54, 378. 380. 381. 389. 414; *Quæsitor* 52, 415; 444. 448. 456. 460 et seq. 475. 476. 480. 533.
Cn. Domitius Calvinus, tribun 59, II, 313; préteur 56, 349. 363; consul 53, 380. 387. 394. 398; 485. 486. 533. 630; consul 40, 639. 649. 662.
Cn. Domitius Calvinus, II, 415.
M. Domitius Calvinus, II, 194, note 7.
Domus regia Numæ, I, 39.
Drappes, II, 433.
C. Duilius, consul 260, I, 376.
M. Duilius, tribun 359, I, 181. 183. 192. 270.
Duodecim tabulæ, I, 172 et seq.
Duoviri, II, 64.
Duoviri comitiis consularibus habendis consulari potestate, II, 614.
— *libris sibyllinis inspiciendis*, I, 227.
— *navales*, I, 323.
— *perduellionis*, I, 98. II, 263. 704.
— *sacrorum*, I, 86. 89 et note 3.
— *viis extra urbem purgandis*, I, 532 et note 2.
M. Duronius, tribun 88, II, 99. 183.

E

Edilité curule, son établissement, I, 228.
— plébéienne, voyez *Ædiles plebis.*
Edits de M. Bibulus, II, 322.
Cn. Egnatius, II, 219.
Enée, I, 18.
Ennius, I, 463. 487. 495.
C. Epidius Marullus, tribun 44, II, 537.
Eporedia, colonie, II, 91.
Equites, l'ordre des chevaliers, II, 111. 173. 216. 219. 221. 265. 332.
— *equo publico,* I, 85. 334. 335.
— *Lucerenses priores,* I, 84.
— *Lucerenses posteriores,* I, 84.
— *Ramnenses priores,* I, 84.
—   — *posteriores,* I, 84.
— *Titienses priores,* I, 84.
—   — *posteriores,* I, 84.
L. Equitius, II, 88. 89 ; tribun 99, 93. 94.
Esclaves, I, 217. II, 6. 7. 8 ; révolte de 143, 9. 10 ; nouvelle révolte, 23 ; 86. 87. 271.
Étrusques, I, 12. 14. 15. 64. 77.
Eumène, I, 471. 487. 536. 559.
Eunus, II, 9.
Évandre, I, 22.
Évhémérisme, I, 495.
Execratio, II, 711.

F

Q. Faberius, secrétaire de César, II, 535.
Fabia, vestale, II, 244.
Fabii, I, 25.
Fabius, propréteur 123, II, 42.
C. Fabius, II, 447.
L. Fabius, *judex quæstionis* 52, II, 414. 417.
M. Fabius Buteo, censeur 241, dictateur 216, I, 385. 386. 416. II, 681. 686. 689.

C. Fabius Hadrianus, II, 149. 157. 165.
M. Fabius Hadrianus, II, 226. 235.
Q. Fabius Labeo, consul 183, I, 485. 500. 522.
Q. Fabius Maximus, II, 311. 494. 510. 513. 514 ; consul 45, 517. 532.
Q. Fabius Maximus Æmilianus, consul 145, I, 580. 591. 594. II, 27.
Q. Fabius Maximus Allobrogicus, consul 121, censeur 109, II, 74.
Q. Fabius Maximus Cunctator, consul 233, dictateur 217, I, 334. 347. 392. 393. 400. 413. 415. 419. 424. 427. 431. 437. 443 ; II, 680. 685. 690.
Q. Fabius Maximus Gurges, consul 292, I, 342. 343. 361.
Q. Fabius Maximus Rullianus, censeur 304, I, 308. 312. 330. 331 et seq. 343 ; II, 682, note 5.
Q. Fabius Maximus Servilianus, consul 142, I, 597. 604 ; II, 60. 83.
Num. Fabius Pictor, I, 361.
Q. Fabius Pictor, I, 331.
Q. Fabius Sanga, II, 275.
Fabrateria, colonie, II, 32.
Q. Fabricius, tribun 57, II, 341. 344.
C. Fabricius Luscinus, consul 282, I, 348. 361. 362. 363. 373.
T. Fadius Gallus, tribun 57, II, 341. 342.
Fagutal, mons, I, 23.
C. ou P. Falcidius, tribun 40, II, 648.
Faleries, I, 12.
Falisques, I, 384.
C. Fannius, tribun 59, II, 313.
L. Fannius, II, 199.
M. Fannius, préteur 80, II, 182.
C. Fannius Strabo, consul 161, I, 564.
C. Fannius Strabo, consul 122, II, 42. 49. 52.
Faunus Lupercus, I, 22.
Fausta, II, 165. 399.
Faustulus, I, 21.
M. Favonius, II, 314. 353. 373 ; édile 53, 400. 401. 414. 416. 431. 438. 543. 629.
Féciaux, I, 87, note 1.
Felicitas (temple), II, 525.

Fenerator, I, 271.
Fenus semunciarium, I, 271.
Fenus unciarium, I, 173. 270. II, 141.
Ferentina (déesse locale des Latins),
   I, 298.
Ferentinum, I, 465.
Feriæ imperativæ, II, 140.
Feriæ latinæ, I, 19. 75. 302. 444.
Fésules, II, 192.
Firmum, colonie, I, 384.
Flamen curialis, I, 50.
—   *dialis*, I, 31. 32. 40. II, 175.
—   *jovis julii*, II, 535. 567. 647.
—   *martialis*, I, 32. II, 23.
—   *quirinalis*, I, 29. 32.
Flaminia, I, 40.
T. Flaminius, I, 471.
C. Flaminius, tribun 232, I. 388.
   392. 397; consul 223. 398. 402 et
   seq.; meurt à Trasimène, 410; II,
   714.
C. Flaminius, consul 187, I, 456.
   476. 493.
C. Flaminius, *judex quæstionis* 66,
   II, 251, note 2.
C. Flaminius, II, 273.
Cn. Flavius, édile curule 304, I, 175.
   279. 320. 328. 329.
L. Flavius, tribun 60, II, 301; pré-
   teur 58, 326. 338.
M. Flavius, tribun 327, I, 305.
C. Flavius Fimbria, consul 104, II,
   79.
C. Flavius Fimbria, II, 148. 149. 153.
   154. 155.
C. Flavius Pusio, II, 112.
Focus publicus, I, 39.
Fœdus æquum, I, 523.
—   *caudicum*, I, 308. 312.
—   *latinum*, I, 294.
Fonteius, II, 119.
P. Fonteius, II, 312.
Formiæ, I, 303.
Fornicalia, I, 53.
Forum Appii, I, 326.
—   *Flaminium*, I, 404.
—   *Julium*, II, 500.
M. Foslius, maître de cavalerie 314,
   I, 314.

Fregellæ, I, 304. 305. 370. II, 31.
Fratres arvales, I, 25.
Fregenæ, colonie, I, 384.
Frentani, I, 12.
Q. Fuficius Fango, II, 626. 633. 637.
Fufidius, II, 163. 194, note 7.
L. Fufius, II, 98.
Q. Fufius Calenus, tribun 61, II,
   295; préteur 59, 310. 312. 322. 413.
   480; consul 47, 487. 494. 584. 585.
   592 et seq. 594. 595. 621. 625. 631.
   634. 636. 645. 646.
Fufius Geminus, II, 671.
Fullones, I, 405.
Fulvia, II, 269.
Fulvia, femme d'Antoine, II, 403. 620.
   634. 635. 639. 645.
A. Fulvius, II, 274.
C. Fulvius Flaccus, consul 134, II, 10.
Cn. Fulvius Flaccus, préteur 212, I,
   422.
M. Fulvius Flaccus, I, 500.
M. Fulvius Flaccus, II, 19. 21; III
   vir agris dandis assignandis, 25. 26;
   consul 125, 30. 40. 41; tribun 122,
   42. 51. 54. 55. 56; 101.
Q. Fulvius Flaccus, consul 224,
   dictateur 209, I, 397. 413. 424. II,
   680.
Q. Fulvius Flaccus, consul 180, I,
   509.
Q. Fulvius Flaccus, consul 179, I,
   511. 514. 528 et seq.
Q. Fulvius Flaccus, II, 351.
Scr. Fulvius Flaccus, II, 13.
P. Fulvius Neratus, II, 415.
M. Fulvius Nobilior, (consul 189), I,
   479. 486. 498. 499. 514. 515.
M. Fulvius Nobilior, consul 159, I,
   567.
M. Fulvius Nobilior, I, 531. 537.
M. Fulvius Nobilior, II, 254. 390.
Q. Fulvius Nobilior, consul 153, I,
   500. 571. 576. 604.
M. Fundanius, tribun 215, I, 457.
Fundi, I, 303.
T. Furfanius Postumus, II, 511.
C. Furius, *duumvir navalis* 178, I,
   506. 507.

P. Furius, II, 88; tribun 99, 93. 95. 97. 695, note 7.

P. Furius, II, 254. 276.

C. Furius Aculeo, I, 507.

L. Furius Camillus , consul 338, I, 301.

M. Furius Camillus (dictateur 368), I, 209. 219. 221. 251-254. 258. 272. II, 681. 683. 684 et note 4.

C. Furius Chresimus, II, 5.

M. Furius Crassipes, I, 498.

M. Furius Luscus, I, 507.

L. Furius Philus, consul 136, I, 603. 606.

L. Furius Philus, II, 49.

P. Furius Philus, censeur 214, I, 421.

P. Furius Philus, préteur 174, I, 539.

L. Furius Purpurio, consul 196, I, 444. 487. 499. 502. 507.

C. Furnius, tribun 50, II, 429. 435. 441 ; 605. 639. 665. 670.

G

Gabii, I, 24. 73. 295. 302.

A. Gabinius, II, 184 ; tribun 67, 222. 224. 227. 229. 230. 231. 232; 287. 317 ; consul 58, 325. 327. 331. 332 339; 342. 366. 367. 390-395. 470. 487. 488. 666. 716.

Q. Gabinius, tribun 139, I, 601.

P. Gabinius Capito, II, 254. 274. 277. 279.

Gadès, II, 514.

Gaia Cæcilia (= Tanaquil), I, 66.

Gallia Cisalpina, I, 455 ; érigée en province par Sylla, II, 180. 470 ; réunie à l'Italie, 630.

Gallia cispadana, II, 131.

— comata, II, 589 ; cf. 582. 596. 625. 631.

— narbonensis, II, 60.

— transalpina, II, 519.

— transpadana, II, 131. 231. 249. 424.

Q. Gallius, préteur 65, II, 248.

Q. Gallius, préteur 43, II, 613. 615. 616.

Ganda, II, 78.

Geganii, I, 34.

L. Gellius, II, 605.

L. Gellius Poplicola, consul 82, II, 203. 206 ; censeur 70, 212. 276.

L. Gellius Poplicola, consul 36, II, 659.

Gentes, I, 48.

— *majores*, I, 83.

— *minores*, I, 83.

— *patriciæ*, I, 25. 237. 244. 262.

Gens Claudia, I, 130. 177. 315.

— *Fabia*, I, 156. 157. 343.

— *Lucretia*, I, 35.

— *Tarpeia*, I, 66.

— *Tarquinia*, I, 66. 117.

— *Tarquitia*, I, 66.

— *Valeria*, I, 118.

Gentiles, I, 240.

Gentius, roi d'Illyrie, I, 536. 555.

Genus (= *gens*), I, 52.

Gètes, II, 563.

Cn. Genucius, tribun 473, I, 157.

L. Genucius, consul 362, I, 268.

T. Genucius, décemvir, I, 171.

Gladiateurs (révolte 73), II, 203-205.

Granius, II, 116, note 4.

Cn. et Q. Granius, II, 139.

Graviscæ, colonie, I, 510.

Gutta, II, 161. 219.

H

Hannibal, I, 412 et seq. 471 ; sa mort, 508 ; 581.

Hasdrubal, I, 396.

Hatria, colonie latine, I, 345.

Hellènes, I, 15.

Hellénisme, I, 432. 462. 557. 558. 573.

M. Helvius, préteur 197, I, 453.

C. Helvius Cinna, tribun 44, II, 538. 539. 549. 570.

Helvius Mancia, II, 376.

Heraclea, I, 372.

Héraclide, I, 474.

Hercule, I, 22.

Hercule, (culte d'), I, 327.

Hercules Victor, I, 587.

Herdonius, I, 162.
C. Herennius, tribun 80, II, 185. 199.
C. Herennius, tribun 60, II, 302.
Herius Potilius, I, 384.
Hermodorus, d'Ephèse, I, 171.
Herniques, I, 12. 294. 298. 345. 465.
Herophilus (= C. Amatius), II, 553.
Hiarbas, II, 184.
Hiempsal, II, 65. 184. 259.
Hiéron, I, 388. 391. II, 7.
Hiéronyme, de Syracuse, I, 452.
Hirpini, I, 6.
A. Hirtius, préteur 46, II, 494. 504.
    508 ; 519. 522. 534. 536 ; consul 43,
    550. 575. 582. 587. 594. 598. 599.
Hirtuleius, II, 194, note 7. 199.
Hispania, I, 396. 430. 452. 453. 563.
    —   citerior, I, 453. 543. 594.
    —   ulterior, I, 453. 594.
Homines novi, I, 243. 269. 280. 314.
    361. 374. 375. 388. 402. 414. 453. II,
    72.
Honos, temple, I, 334.
Horatii, I, 25.
M. Horatius Barbatus, consul 449, I,
    105. 179. 182.
Horatius Cocles, I, 35.
M. Horatius Pulvillus, I, 79.
Horrea sempronia, II, 41.
Hortensia, II, 624.
L. Hortensius, préteur 170, I, 540.
L. Hortensius, consul 108, II, 75.
Q. Hortensius, dictateur 287, I, 349.
Q. Hortensius, II, 150. 202. 213. 214.
    215 ; consul 69, 230 ; 239. 246. 247.
    252. 264. 280. 282. 323. 332. 355.
    359. 374. 383. 385. 413. 431. 443.
    444.
Q. Hortensius Hortalus, préteur 45,
    II, 519. 542. 591. 592. 629.
Hostus Hostilius, I, 33.
A. Hostilius Mancinus, consul 170,
    I, 540.
C. Hostilius Mancinus, consul 137,
    I, 605. 606. II, 4.
L. Hostilius Mancinus, consul 145,
    I, 585. 591.
L. Hostilius Tubulus, préteur 142, I,
    597. 603.
Humiles, I, 318. 328. 329. 333.

Humillimi, I, 333.

I

Iapyges, I, 10.
Ibères, I, 8.
Icilius, I, 180. 181.
Ignobiles, I, 242.
Iguvium, I, 373.
Ilerda, II, 465.
Illyricum, II, 319. 646.
Imagines, I, 239 et seq.
Imperator, titre donné à César en 45,
    II, 515.
Imperium (prorogation de l'), I, 310.
Imperium regium, I, 43. 45.
Indices, I, 240.
Ingenui, I, 261. 319. 483.
Insteius, tribun désigné pour 42, II, 550.
Interamna, colonie, I, 344. 441.
Intercessio tribunicia, II, 705-711.
Interregnum, I, 31.
Interroi, II, 168 et note 2. 401, note
    10. 403 et note 7.
Isis, son culte, II, 401.
Itali, I, 6.

J

Janicule, I, 77. 349.
Janus, I, 39.
Janus (temple de), I, 391.
Janus Geminus, I, 30.
    —   Quirinus, I, 30.
Jerusalem, II, 408.
Juba, II, 467. 472. 479. 490. 492. 495.
    496. 497. 499.
Judex quæstionis, II, 251, note 2. 414.
Judices decemviri, I, 144.
Judices edilicii, II, 376.
Jugurtha, I, 607. II, 65. 67. 78.
Juifs, I, 600. II, 487.
Julia, tante de César, II, 230.
Julia, sœur de César, II, 409. 528.
Julia, fille de César, II, 316. 379. 389.
    407. 500.

Julia, fille d'Octave, II, 657.
Julii, I, 34.
C. Julius, décemvir 451, I, 123. 171.
C. Julius, II, 270.
C. Julius Cæsar, voyez César.
L. Julius Cæsar, consul 90, II, 122.
123 ; censeur 89, 125 et seq. 147.
L. Julius Cæsar, consul 64, II, 251 ;
264. 276. 484. 575. 583. 594. 595.
620.
L. Julius Cæsar, II, 458. 459. 496.
Sex. Julius Cæsar, consul 157, I, 568.
Sex. Julius Cæsar, consul 91, II, 122.
128.
Sex. Julius Cæsar, II, 485. 495. 511.
C. Julius Cæsar Octavianus, voyez
Octave.
C. Julius Cæsar Strabo Vopiscus,
édile 90, II, 120. 126. 135. 147.
L. Junius, consul 249, I, 379.
D. Junius Brutus, consul 292, I, 312.
375.
D. Junius Brutus, consul 138, I, 601.
605. 606.
D. Junius Brutus, II, 55.
D. Junius Brutus, consul 77, II, 195.
256.
D. Junius Brutus, II, 465. 472. 484.
511 ; préteur 45, 519. 534 ; prend
part à la conjuration de 44, 542.
543. 546. 550. 554. 563 ; est rejoint
par Octave dans la Cisalpine, 577.
578. 582 ; assiégé dans Modène,
584. 585. 586. 595. 598. 599. 600.
604 ; va d'Italie en Gaule, 606. 607.
608. 610. 612 ; condamné par Octave, 615 ; sa mort, 616.
L. Junius Brutus, renverse Tarquin,
I, 95. 111. 115. 116. 117. II, 539.
M. Junius Brutus, I, 375.
M. Junius Brutus, consul 178, I, 457.
533.
M. Junius Brutus (*accusator*), II, 99.
113. 139. 184.
M. Junius Brutus, tribun 83, II, 157.
193. 540.
M. Junius Brutus (= Q. Servilius
Cæpio Brutus), II, 443. 494. 511 ; préteur 44, 532 ; sa vie avant 44, 539.
540. 541 ; dirige la conjuration, 545.

548. 550 ; quitte Rome, 553 ; 562.
565. 571. 576. 591. 592. 597. 598.
609. 612. 615. 626 ; battu à Philip-
pes, 628. 629.
P. Junius Brutus, édile 192, I, 469.
T. Junius Brutus, tribun 195, I, 457.
L. Junius Brutus Damasippus, préteur
82, II, 160. 161. 162.
C. Junius Bubulus, consul 311, I, 317.
330.
M. Junius Pennus, tribun 126, II, 30.
M. Junius Pera, dictateur 216, I, 427.
II, 688.
D. Junius Silanus, I, 597.
M. Junius Silanus, consul 62, II, 267.
270. 278. 279. 539.
M. Junius Silanus, consul 109, II, 70.
71. 80.
M. Junius Silanus, II, 604. 652. 671.
Juno, I, 79.
Juno Lacinia, I, 529.
— Quiritis, I, 30. 49.
— Sospita, II, 122.
Jupiter, I, 79.
Jupiter Latiaris, I, 75.
— Sabazius, I, 600.
Jus Ælianum, I, 464.
— *agendi cum patribus*, II, 704.
— *agendi cum plebe*, I, 141. II, 698.
702.
— *Arimini*, I, 369. 467.
— *auspiciorum*, II, 699. 700.
— *auxilii*, I, 138.
— *civile*, I, 464.
— *commercii*, I, 26. 30. 294. 302. 369.
— *contionis*, II, 699.
— *conubii*, I, 28. 30. 294. 302. 369.
— *edicendi*, II, 699.
— *exilii*, I, 24, note 2. 302.
— *Flavianum*, I, 328.
— *gentium*, I, 464.
— *honorum*, I, 30.
— *imaginum*, I, 207. 239 et seq.
— *incertum*, I, 161.
— *intercedendi*, II, 698. 705.
— *multæ dictionis*, II, 701.
— *pignoris capionis*, II, 701.
— *prensionis*, I, 158. II, 574. 701.
— *provocationis ad populum*, II, 707.
— *senatum consulendi*, II, 704.

Jus spectionis, II, 700.
— *suffragii*, I, 30.
— *vitæ necisque*, II, 702.
P. Juventius, préteur 149, I, 586.
M. Juventius Laterensis, II, 326. 385 ; préteur 51, 421. 605. 606. 609.
M. Juventius Thalna, consul 163, I, 541. 560. 563.

K

Kæso Fabius, I, 154.
— Quinctius, I, 148. 162.
Kinéas, I, 361. 364.
Kyme (Cumes), I, 16.

L

Labici, colonie, I, 295. 302.
C. Lælius, consul 190, I, 473. 475. 505.
C. Lælius (consul 140), I, 581. 591. 594. 600. 602. 604. II, 9. 22. 24. 27.
D. Lælius, II, 323; tribun 54, 393. 457. 489.
M. Lætorius, II, 139.
M. Lamponius, II, 161.
Lampsaque, colonie, II, 530.
Lanuvium, I, 295. 301.
T. Larcius, I, 129.
Lares, I, 40.
Lasthenes, II, 228. 292.
Laticula, colonie, I, 344.
Latifundia, I, 151. II, 5. 7. 188.
Latini, I, 11. 13. 18. 301 et seq. 484. 485. 493. 562. 519. 525 et seq. II, 25. 26. 27. 28. 30. 38. 48-52. 100. 101. 123; de la Transpadane, 424. 425.
Latini ærarii, I, 61.
— *coloniarii*, I, 370.
— *dediditii*, I, 61.
— *juniani*, I, 370.
— *prisci*, I, 295.
Latinus, I, 20.

Latium majus et minus, I, 371.
— *vetus*, I, 21.
Laurentum, I, 19. 295. 302.
Lautulæ, I, 273.
Lavinium, I, 18. 19. 31. 295. 303.
Lectio senatus, I, 248. 317. 416. 501. II, 218. 488. 504. 527. 650.
Lectisternium, I, 269. 305.
Leges prætoriæ de reditu damnatorum 49, II, 469 et seq.
Leges sacratæ, voyez *lex sacrata*.
— *tribuniciæ*, I, 187.
— — *de reditu damnatorum* 49, II, 469 et seq.
— — *de usuris* 49, II, 471, note 2.
Legio Alaudarum, II, 577.
— Quarta, II, 578. 613.
— Martia, II, 578. 613. 630.
Legiones Valerianæ (Fimbrianæ), II, 226.
P. Lentius, décemvir, I, 171.
Lépide, triumvir, voyez M. Æmilius.
Lex de abroganda lege Cæcilia 42, II, 622.
— *agraria* 111, II, 38. 63 et seq.
— *de ambitu* 432, I, 199.
— *de bello contra Octavianum L. Antonio mandando* 41, II, 638.
— *de censoribus creandis*, I, 213.
— *centuriata de censoria potestate*, I, 97. 212.
— *de colonia Narbonem Martium deducenda* 118, II, 60.
— *colonia Juliæ Genetivæ Urbanorum*, II, 530.
— *de consulatu non iterando* 153, I, 571.
— *de creandis quinqueviris mensariis* 352, I, 270.
— *de creandis tribunis militum sex* 362, I, 258.
— *de creandis tribunis militum viginti quatuor* 171, I, 537.
— *de creandis tribunis plebis et ædilibus plebeiis*, après 232, I, 395.
— *curiata de arrogatione*, II, 312. 569. 614.
— *curiata de imperto*, I, 98. 99.

Lex curiata de imperio a L. Bruto repetita, I, 112. 116.
— *de dictatore creando*, I, 128. II, 677.
— *de incensis*, I, 99.
— *de lictoribus virginum Vestalium* 42, II, 622.
— *de notis censoriis* (avant 218), I, 433.
— *de quatuor quæstoribus creandis*, I, 215.
— *sacrata*, I, 135 et seq. II, 551.
— *sacrata de Cæsaris die natali* 42, II, 625.
— *Satura*, I, 222. II, 97.
— *tribunicia L. Bruti* 509, I, 95. 112.
— *de tribunis militum consulari potestate creandis*, I, 198.
— *de triumpho* (après 179), I, 514.
Libertini, I, 260. 318. 339. 434. 483. 503. 517. 548. 562. II, 61. 137. 143. 156. 238. 400.
Libri sibyllini, I, 26. 87 et seq.
Licinia, vestale 114, II, 62.
C. Licinius, tribun, I, 142.
Sex. Licinius (?) tribun 87, II, 143. 148.
C. Licinius Calvus, maître de la cavalerie, I, 229.
C. Licinius Calvus, II, 338. 359. 372. 385.
P. Licinius Calvus, I, 199.
C. Licinius Crassus, préteur 172, I, 534.
C. Licinius Crassus, tribun 145, I, 592, 599.
L. Licinius Crassus, II, 59. 60. 62. 74; tribun 107, 76. 77; consul 95, 102 et seq.; censeur 92, 107 et seq. 112. 114.
M. Licinius Crassus, II, 157. 161. 189 combat Spartacus, 204; 206. 208. 210; consul 70, 211 et seq.; 220, 239. 243. 246; censeur 65, 249. 252; 277. 280; triumvir, 305. 306. 310. 315. 333. 348. 353 et seq.; vient à Lucques, 362. 363; 367. 370. 375. 376; va en Orient, 378. 379. 392; campagne et mort, 408. 409; 711; 716.
M. Licinius Crassus, M. fil, II, 467.
P. Licinius Crassus, consul 205, I, 459. 462 et seq.

P. Licinius Crassus, consul 171, I. 508. 513. 537. 538.
P. Licinius Crassus, M. fil., II, 408.
P. Licinius Crassus (?), préteur 57, II. 341.
Licinius Crassus Dives, préteur ou judex quæstionis 59, II, 324.
P. Licinius Crassus Dives, tribun 104 (?), II, 81; consul 97, 81; censeur 89, 125 et note 2. 126; 147.
P. Licinius Crassus Junianus, tribun 54, II, 390.
P. Licinius Crassus Mucianus, consul 131, I, 604. II, 9. 21. 22. 23. 29.
C. Licinius Geta, consul 116, II, 61; censeur 109, 74.
L. Licinius Lucullus, consul 151, I, 574. 575.
L. Licinius Lucullus, préteur 103, II, 86. 87. 98.
L. Licinius Lucullus, questeur 87, II, 152; consul 74, 197. 200; proconsul, 224 et seq. 235. 242. 267. 285. 287. 292. 296. 300. 305. 317. 324.
M. Licinius Lucullus (= M. Terentius Varro Lucullus), II, 160. 200; préteur 76, 202; consul 73, 202; proconsul, 204; 242. 247. 355.
P. Licinius Lucullus, tribun 110, II, 68.
C. Licinius Macer, tribun 73, II, 201. 243. 263. 716.
L. Licinius Murena, pro-préteur 83, II, 184.
L. Licinius Murena, consul 62, II, 267. 270. 280.
A. Licinius Nerva, tribun 178, I, 533.
P. Licinius Nerva, préteur 104, II, 86.
C. Licinius Sacerdos, II, 254.
C. Licinius Stolo, tribun 367, I, 151 221. 225. 264. II, 713.
Q. Ligarius, II, 507. 508. 542.
Ligures, I. 8. 523.
Ligures Corneliani Bœbiani, I, 521.
Sp. Ligustinus, centurion, I, 537.
Liternum, colonie, I, 455. 482. 490.
Livie, II, 653. 665.
Livius Andronicus, 1, 460.
Livius Drusus, II, 384; préteur 50, 431.
C. Livius Drusus, consul 147, I, 585.

M. Livius Drusus, tribun 122, II, 50. 51. 52. 57; censeur 109, 74; 425.

M. Livius Drusus, tribun 91, II, 108 et seq. 118. 173. 715.

M. Livius Salinator (consul 219), I, 409. 420. 428. 429. 433. 440. 443.

Loca sacra, II, 364.

Locri, I, 372.

Locupletes, I, 103.

Lois (*Leges, Plebiscita, Rogationes*) désignées d'après le nom de leurs auteurs.

Acilia de intercalatione 191, I, 471.
— *de pecuniis repetundis* 122, I, 526. II, 46.
— *Calpurnia de ambitu*, voyez *Calpurnia*.
— *Rubria de cultu Jovis Capitolini* 122, II, 48.

Æbutia de formulis (vers 290), I, 551.
— *de magistratibus extraordinariis* (vers 154), I, 571. II, 15.

Ælia de coloniis duabus latinis deducendis 194, I, 466.

Ælia et Fufia de comitiis (vers 154), I, 570 et seq. II, 42. 233. 328. 700.

Æmilia de censura 433, I, 210. 214.
— (M. Scauri) *de libertinorum suffragiis* 115, II, 61. 137.
— *sumptuaria* 115, II, 61.

Æmilia (M. Lepidi), *de dictatore creando* 49, II, 468.
— *frumentaria* 78, II, 191. 192. 193.

Antia sumptuaria 70 (?), II, 218.

Antistia de Satricanis 319, I, 308. 312.

Antonia (Lucii) *agraria* 44, II, 564.
— *de magistratibus* 45, II, 530.
— (Marci) *de actis Cæsaris confirmandis* 44, II, 554 et seq. 590.
— *de colonis deducendis* 44, II, 559. 590.
— *de dictatura in perpetuum tollenda* 44, II, 551. 591. 688.

Antonia judiciaria 44, II, 566.
— *de mense quintili* 44, II, 537.
— *de permutatione provinciarum* 44, II, 563. 570. 580.
— *de Pontifice maximo creando* 44, II, 557.
— *de proscriptorum liberis* 49, II, 465.
— *de provocatione* 44, II, 565. 566.
— *ut quintus dies ludorum romanorum Cæsari tribueretur* 44, II, 537.

Appuleiæ (L. Saturnini) *de coloniis deducendis* 100, II, 90. 91.

Appuleia (id.) *agraria* 100, II, 89. 90.
— *frumentaria* 100, II, 90.
— *de majestate* 100, II, 92. 93. 182.

Aternia Tarpeia de multa et sacramento 454, I, 164. 339. II, 703.

Atia (T. Labieni) *de sacerdotiis* 63, II, 266.
— *Ampia de Pompeii honoribus* 63, II, 288.

Atilia de Campanis 210, I, 423. 480.
— *Marcia de tribunis militum sedecim creandis* 311, I, 323.

Atinia de quinque coloniis in oram maritimam deducendis 197, I, 455.
— *de tribunis plebis in senatum legendis* 216 (?), I, 417. II, 705. 714.

Aufeja de provincia Asia 123, II, 41.

Aufidia de ambitu 61, II, 298.
— *de feris Africanis* 170 (?), I, 566.

Aurelia (C. Cottæ) *de judiciis privatis* 75, II, 196. 197.
— *de potestate tribunicia* 75, II, 196. 716.
— (L. Cottæ) *de ambitu* 70, II, 217. 218.
— *judiciaria* 70, II, 215-217.

Bæbia (?) *agraria* 111, II, 63 et seq.
— *de quaternis prætoribus alternis annis creandis* 180, I, 510. 511.

Cæcilia (?) *de urbe augenda* 45, II, 524.

Cæcilia (L. Rufi) *de pœna ambitus* 63, II, 258.

Cæciliæ (Q. Metelli Nepotis) *de Pompeio* 62, II, 289. 290.

Cæcilia de vectigalibus 60, II, 302. 622.

— (Q. Metelli Scipionis) *de censura* 52, II, 418.

— *Didia de legum latione* 98, II, 97.

Cælia (C. Caldi) *tabellaria* 107, II, 73.

— (M. Rufi) *de creditis pecuniis sine usuris sexenni die solvendis* 48, II, 478.

— *de mercedibus habitationum annuis* 48, II, 478.

— *de novis tabulis* 48, II, 478.

Calidia de revocando Q. Cœcilio M. Numidico 98, II, 96.

Calpurnia (L. Bestiæ) *de revocando P. Popillio Lænate* 120, II, 58.

— (C. Pisonis) *de ambitu* 67, II, 233.

— (L. Pisonis) *de civitate sociis danda* 89, II, 124.

— *de pecuniis repetundis* 149, I, 577.

Caninia de rege Alexandrino a Cn. Pompeio restituendo 56, II, 356.

Canuleia de conubio 444, I, 196. 238.

Cassia (L. Longini) *de senatu* 104, II, 79.

Cassia (L. Longini) *de plebeiis in patricios adlegendis* 45, II, 528.

— (L. Longini Ravillæ) *tabellaria* 137, I, 602.

— (Sp. Vecellini) *agraria* 486, I, 152 et seq. II, 17.

— *Terentia frumentaria* 73, II, 202. 203.

Cincia de donis et muneribus 204, I, 436.

Claudia (C. Pulchri) *de sociis* 177, I, 525.

— (Quinti) *de senatoribus* 219, I, 405.

Clodiæ (P. Pulchri) *frumentariæ* 58, II, 327. 329.

Clodia de capite civis romani 58, II, 330.

— *de Catone proquæstore cum imperio prætorio mittendo* 58, II, 336.

— *de censoria notione* 58, II, 328.

— *de collegiis* 58, II, 328.

— *de Dejotaro et Brogitaro* 58, II, 339.

— *de exilio Ciceronis* 58, II, 334. 335.

— *de injuriis publicis* 58, II, 339.

— *de insula Cypro publicanda* 58, II, 331.

— *de jure et tempore legum rogandarum* 58, II, 328.

— *de libertinorum suffragiis* (projetée pour 52), II, 400.

— *de permutatione provinciarum* 58, II, 331.

— *de provinciis consularibus* 58, II, 331.

— *de scribis quæstoriis* 58, II, 339.

Cornelia (Caii) *de ambitu* 67, II, 224.

— *de edicto prætorio* 67, II, 234. 235.

— *ne quis legatis exterarum nationum pecuniam expensam ferret* 67, II, 223.

— *ne quis legibus solveretur, nisi,* etc. (il y a deux rédactions) 67, II, 234.

— (L. Cinnæ) *de C. Mario et ceteris exulibus revocandis,* II, 143. 147.

— *de novorum civium ac libertinorum suffragiis* 87, II, 143.

— (P. Dolabellæ) *de mercedibus habitationum annuis* 47, II, 483.

— *de novis tabulis* 47, II, 483. 487.

— *de provincia Syria* 44, II, 558.

— (Cn. Lentuli Clodiani) *de pecunia quam Sulla emptoribus bonorum remiserat exigenda* 72, II, 209. 241.

Cornelia (L. Sullæ consul ?) *de sponsu* 88 (?), II, 141.

Corneliæ (L. Sullæ dict.), II, 169.

— *agrariæ* 81, II, 176.

Cornelia de adulteriis et pudicitia 81, II, 183.

— *de ære alieno* 81, II, 179.

— *de ambitu* (?) II, 183.

— *de censura* (n'a pas existé), II, 181.

— *de civitate Volaterranis adimenda* 81, II, 178.

— *de falsis* 81, II, 182.

— *de injuriis* 81, II, 183.

— *de ludis Victoriæ instituendis* 81, II, 179.

— *de magistratibus* 82, II, 171. 209.

— *de majestate* 81, II, 182.

— *nummaria* 81, II, 182.

— *de peculatu* 81, II, 183.

— *de prætoribus octo creandis* 81, II, 180.

— *de proscriptione* 82, II, 169. 175.

— *de provinciis ordinandis* 81, II, 181.

— *de reditu Cn. Pompeii* 80, II, 185.

— *de sacerdotiis* 82, II, 174.

— *de sicariis et veneficis* 81, II, 182. 375.

— *testamentaria* 81, II, 182.

— *de tribunicia potestate* 82, II, 170. 196. 211. 715.

— *de viginti quæstoribus creandis* 81, II, 181.

— *frumentaria* 81, II, 179.

— *judiciaria* 82, II, 173. 215. 217.

— *sumptuaria* 81, II, 183.

— *repetundarum* 81, II, 182.

— *de vi ?* II, 183.

— *Bæbia de ambitu* 181, I, 509. 567. II, 218.

— *Cæcilia* (P. Lentuli Spintheris et Q. Metelli Nepotis) *de cura annonæ Cn. Pompeio mandanda* 57, II, 348.

Cornelia Cæcilia de Cicerone revocando 57, II, 346.

— *Fulvia de ambitu* 159, I, 567. II, 218.

— *Pompeia* (L. Sullæ et Q. Rufi) *de comitiis centuriatis* 88, II, 140.

— — *de tribunicia potestate* 88, II, 140.

— — *unciaria* 88, II, 141.

Decia de duumviris navalibus 311, I, 323.

Didia sumptuaria 143, I, 597.

Domitia de sacerdotiis 103, II, 80. 174.

Duilia de consulatu restituendo 499, I, 181.

Duilia de provocatione 449, I, 192. 339.

Duronia de lege Licinia sumptuaria abroganda 97, II, 99.

Fabia de numero sectatorum 66 (?), II, 244.

— (Q. Labeonis ?) *de plagiariis* 183 (?), II, 6 et note 8.

Fabricia de reditu Ciceronis 57, II, 344.

Falcidia de legatis 40, II, 648.

Fannia sumptuaria 161, I, 564. 565.

Flaminia agraria 232, I, 392. 394 et seq.

— *minus solvendi* 217, I, 410.

Flavia agraria 60, II, 301.

— *de Tusculanis* 323, I, 308.

Fulvia de civitate sociis danda 125, II, 30.

Fufia de comitiis I, 570. II, 328; voyez d'ailleurs *Ælia et Fufia*.

— *judiciaria* 59, II, 310.

— *de religione* 61, II, 295.

Furia (M. Camilli) *de ædilibus curulibus ex patribus creandis* 367, I, 228.

— *de consule altero ex plebe et de prætore qui jus in urbe diceret ex patribus creando* 367, I, 226.

— *de testamentis* 183 (?), I, 506. 553.

Gabinia de bello Mithridatico (ou *de*

provinciis consularibus) 67, II, 224. 227.

Gabinia de bello piratico 67, II, 224. 227. 229. 231.

— *de magistratu L. Trebellio abrogando* 67, II, 231.

— *de senatu legatis ex kal. febr. usque ad kal. mart. quotidie dando* 67, II, 222.

— *de versura Romæ provinciatibus non facienda* 67, II, 222.

— *tabellaria* 139, I, 601.

Gellia Cornelia de civitate danda 72, II, 206.

Genucia de feneratione 342, I, 276.

Helvia ut Cæsari uxores liberorum quærendorum causa quos et quot vellet ducere liceret 44, II, 539.

— *de magistratu C. Epidio Marullo et L. Cæsetio Flavio abrogando* 44, II, 538.

Herennia de P. Clodio ad plebem traducendo 60, II, 302.

Hirtia de Pompeianis 46, II, 508. 591.

Hortensia de plebiscitis 287, I, 288. 349 et seq.; II, 703.

Icilia de potestate tribunicia 492, I, 145 et seq.

— *de Aventino publicando* 456, I, 146. 163. 164.

— *de secessione* 449, I, 181.

Juliæ (C. Cæsaris) *de magistratibus* 45, II, 518. 530.

— *agrariæ* 59 et 45, II, 307. 308. 314. 315. 502. 529.

Julia campana 59, II, 315.

— *de actis Pompeii* 59, II, 317.

— *de agris Massiliensium* 49, II, 470.

— *de arrogatione P. Clodii* 59, II, 312.

— *de bonorum cessione* 49 (?), II, 472.

— *de civitate Gaditanis danda* 49, II, 470.

— *de civitate transpadanis danda* 49, II, 470.

— *de collegiis* (n'a pas existé), II 487.

Julia de coloniis deducendis 45, II, 316. 509.

— *de cura restituendi Capitolii* 62, II, 289.

— *de decem prætoribus creandis* 47, II, 488.

— *de exulibus* 44, II, 556.

— *de insula Creta* 44, II, 565.

— *de insulæ Cretæ cotoriis locandis* 46, II, 503.

— *de judiciis privatis* 46, II, 509.

— *de legationibus liberis* (n'a pas existé), II, 321.

— *de majestate* 46, II, 509.

— *de mercedibus habitationum annuis* 49, II, 486. 487.

— *de modo credendi et possidendi intra Italiam* 47, II, 487.

— *de pecuniis mutuis* 49, II, 470. 471.

— *de portoriis mercium peregrinarum* 46, II, 503.

— *de provinciis* 46, II, 509.

— *de publicanis* 59, II, 310.

— *de re pecuaria* 46, II, 503.

— *de reditu damnatorum* (n'a pas existé), II, 470.

— *de rege Alexandrino* 59, II, 309.

— *de rege Dejotaro* 44, II, 556.

— *de sacerdotiis* 47, II, 488.

— *de Siculis* 44, II, 556.

— *de vi* 46, II, 509.

— *de viis urbis Romæ tuendis et purgandis* 46, II, 503.

— *frumentaria* 46, II, 502.

— *judiciaria* 46, II, 508.

— *militaris* (?) 46, II, 503.

— *municipalis* 46, II, 502.

— *repetundarum* 59, II, 321. 322.

— *sumptuaria* 46, II, 504.

— (Octaviani) *de mercedibus habitationum annuis* 41, II, 636.

— (L. Cæsaris) *de civitate sociis danda* 90, II, 123 et seq.

— *Papiria de multarum æstimatione* 430, I, 167.

Junia (M. Penni) *de peregrinis* 126, II, 30. 33. 49.

Junia repetundarum 126 (?) II, 30, note 6. 46.

Junia (M. Silani) *militaris* 109, II, 70.
— *Licinia* (D. Silani et L. Murenæ) *de legum latione* 62, II, 293.
Lælia agraria 145, I, 592. II, 9.
Licinia (C. Crassi) *de sacerdotiis* 145, I, 592. II, 80.
— (M. Crassi) *de ambitu* 55 (n'a pas existé), II, 376.
— *de sodaliciis* 55, II, 375. 376. 380. 384. 431.
— (P. Crassi Divitis ?) *sumptuaria* 104 (?), II, 81. 99. 183.
— (C. Luculli) *de triumviris epulonibus* 196, I, 458.
Liciniæ (C. Stolonis) I, 221-227.
Licinia de ære alieno 367, I, 222 et seq.
— *de consule plebeio* 367, I, 225. 268. 279.
— *de decemviris sacrorum* 367, I, 227.
— *de modo agrorum* 367, I, 223. 265. II, 5. 10.
— (P. Varii) *de ludis Apollinaribus* 208, I, 460.
— *de magistratibus extraordinariis* (vers 154), I, 571.
— *Cassia de tribunis militum* 171, I, 537.
— *Mucia* (L. Crassi et P. Scævolæ) *de civibus redigundis* 95, II, 102. 249.
Livia de provincia Africa 146, I, 586.
— (M. Drusi) *agraria* 122, II, 50.
— *de coloniis* 122, II, 50. 51.
— *de Latinis* 122, II, 50.
— (M. Drusi M. fil.) *agraria* 94; II, 115.
— *de civitate sociis danda* 91, II, 117.
— *de coloniis deducendis* 91, II, 110. 117.
— *frumentaria* 91, II, 115.
— *judiciaria* 91, II, 110. 111. 115.
— *nummaria* 91, II, 115.
Lucilia Cælia de Cn. Pompeii dictatura 53, II, 389.
Lucretia de agri campani vectigalibus 172, I, 530.

Lutatia (?) *de vi* 78, II, 192 (cf. *Plautia*).
Mœnia de patrum auctoritate (vers 287), I, 357.
Mamilia de conjuratione Jugurthina 109, II, 69.
Mamilia Roscia Peducæa Alliena Fabia 44, II, 316.
Manilia de imperio Pompeii 66, II, 239. 285.
Manilia de libertinorum suffragiis 67, II, 238.
— *de suffragiorum confusione* 66, II, 245.
Manlia de vicesima manumissionum 357, I, 259. 262. 320.
— (C. Mancini) *de bello Jugurthino* 111, II, 73.
— (Cnæi) *de libertinorum suffragiis* 58, II, 339.
Marcia de fenore 352 (?), I, 270.
— *de Liguribus deditis* 172, I, 534.
— *de M. Popillio Lœnate* 172, I, 534.
— (Cn. Censorini) *de tribunis militum* 123 (?), II, 40.
— (L. Philippi) *agraria* 104, II, 85.
— *Porcia* (P. Marcii et M. Catonis) *de triumphis* 62, II, 292.
Maria de suffragiis ferendis 119, II, 58.
Mœcilia (*metilia*) *agraria* 416, I, 218.
Memmia de incestu 111, II, 62. 67.
— *de Jugurtha Romam ducendo* 111, II, 67.
Menenia sextia de multæ dictione 452, I, 167. 339.
Messia de cura annonæ Cn. Pompeio mandanda 57, II, 348.
Messia de reditu Ciceronis 57, II, 343.
Metilia de æquando magistri equitum et dictatoris jure 217, I, 414. 427. II, 689.
— *de fullonibus* 217, I, 408. 419.
Minucia de triumviris mensariis creandis 216, I, 418.
Minuciæ de C. Gracchi legibus abrogandis, II, 54. 56. 57.
Munatia de proscriptis restituendis 42, II, 621.

Ninnia de Ciceronis reditu 58, II, 340.
Norbana de auro Tolosano 105, II, 79.
Octavia frumentaria (vers 90), II, 179.
203.
Ogulnia de auguribus et pontificibus
300, I, 230. 338. 339.
Oppia sumptuaria 215, I, 419. 457.
Orchia sumptuaria 181, I, 510. 565.
Ovinia de Senatus lectione 351 (?).
339 (?), I, 248. 417.
Papia de peregrinis ou *de civitate* 65,
II, 249. 250. 291. 292.
—   *de Vestalium lectione* 65 (?),
II, 249, note 11.
Papiria (C. Carbonis) *de tribunis ple-*
bis reficiendis 131, II, 24. 32.
745.
—   *tabellaria* 131, II, 24.
—   (C. Carbonis Arvinæ) *semun-*
ciaria 89, II, 127.
—   (Cn. Carbonis) *de libertinorum*
suffragiis 84, II, 156.
—   *de novorum civium suffragiis*
84, II, 156.
Pedia de interfectoribus Cæsaris 43, II,
614. 645. 651.
Peducæa de incestu Vestalium 113, II,
62.
Petillia de pecunia regis Antiochi 187,
I, 489.
Plautia de reditu Lepidanorum 73 (?),
II, 203.
—   *de vi* 78, II, 192. 193. 271. 282.
349. 352. 363. 375. 412.
—   (M. Silvani) *agraria* 89, II,
127.
—   *judiciaria* 89, II, 128. 149.
—   *Papiria* (M. Silvani et C. Carbonis) *de civitate sociis*
danda 89, II, 127.
Pœtelia de ambitu 358, I, 269.
—   *Papiria de nexis* 326, I, 306.
307.
Pompeia (Cn. Magni) *de ambitu* 52,
II, 411. 412.
—   *de jure magistratuum* 52,
II, 419.
—   *de parricidis* 55, II, 375.
—   *de provinciis* 52, II, 419.
—   *de vi* 52, II, 412.

Pompeia judiciaria 55, II, 375.
—   *Licinia* (Cn. Magni et M.
Crassi) *de provinciis Cae-*
saris 55, II, 373. 374.
—   *de tribunicia potestate* 70,
II, 211.
—   (Q. Rufi?) *de sponsu* 88 (?),
II, 141.
—   (Cn. Strabonis) *de Trans-*
padanis 89, II, 131.
Porcia (M. Catonis?) *de tergo civium*
198 (?), I, 451.
—   (M. Catonis) *de sumptu pro-*
vinciali 195, I, 453.
—   (P. Læcæ) *de tergo civium*
195 (?), I, 458.
—   (L. Licini) *de tergo civium*
184 (?), I, 500 et seq.
—   (M. Catonis M. fil.) *fenebris*
118, II, 60.
—   (C. Catonis) *de imperio P. Cor-*
nelio Lentulo abrogando 56,
II, 356.
—   *de quæstione extraordinaria*
instituenda 56, II, 357.
Publiliæ Philonis 339, I, 282 et seq.
Publilia (Q. Philonis) *de censore ple-*
beio creando 339, I, 282.
—   *de patrum in legibus comitiis*
centuriatis ferendis aucto-
ritate 339, I, 283.
—   *de plebiscitis* 339, I, 286 et seq.
349. II, 700. 702. 703. 705.
—   (Voleronis) *de magistratuum*
plebeiorum creatione 471, I,
158 et seq.
Pupia de diebus comitiis 71 (?), II,
209. 222.
—   *Valeria* (M. Pisonis et M. Mes-
salæ) *de incestu P. Clodii* 61,
II, 294.
Remmia de calumniatoribus 91 (?), II,
113. 118.
Roscia theatralis 67, I, 593. II, 221.
Rubria de civitate Galliæ Cisalpinæ
48, II, 470.
—   *de colonia Carthaginem dedu-*
cenda 122, II, 51.
Rufrena de Cæsaris honoribus 42, II,
625.

Rutilia de locatione censoria 169, I, 546.

— *de tribunis militum* 169, I, 541. II, 40.

Saenia de plebeiis in patricios adlegendis 30, II, 666.

Saufeia agraria 91, II, 116.

Scantinia de nefanda venere (avant 50), II, 448.

Scribonia (C. Curionis ?) *de usucapione servitutum* 76 (?), II, 435.

— (C. Curionis) *alimentaria* 50, II, 436.

— *de agro campano* 50, II, 435.

— *de itineribus* 50, II, 435.

— *de Jubæ regno publicando* 50, II, 435.

— *de restituendo C. Memmio Gemello* 50, II, 435.

— *viaria* 50, II, 436.

— (L. Libonis) *de Lusitanis* 149, I, 575.

Semproniæ (Ti. Gracchi) *agrariæ* 133, I, 223. II, 10. 13. 16. 21. 177.

Sempronia de civitate sociis danda (n'a pas existé), II, 18.

— *de magistratu M. Octavio abrogando* 133, II, 14.

— *de pecunia Attali populo dividenda* 133, II, 16.

— *de provocatione* 133, II, 18.

— *judiciaria* 133, II, 18. 24.

— *militaris* 133, II, 18.

— (C. Gracchi) *agraria* 123 II, 37 et seq.

— *de abactis* 124, II, 36.

— *de capite civis romani* 124, II, 36. 57.

— *de civitate sociis danda* 122, II, 48. 49.

— *de coloniis Tarentum et Capuam deducendis* 123, II, 43.

— *de provincia Asia a censoribus locanda* 123, II, 39 et seq.

— *de provinciis consularibus* 122, II, 47. 181.

Sempronia de suffragiorum confusione 122, II, 49.

— *frumentaria* 123, II, 39.

— *judiciaria* 122, I, 256. II, 44. 45. 110. 216.

— *militaris* 123, II, 38 et seq.

— *viaria* 122, II, 37 et note 11.

— (M. Tuditani) *de pecunia credita* 193, I, 468 et seq.

Servilia (Q. Cæpionis) *judiciaria* 106, II, 76.

— (C. Glauciæ) *repetundarum* 111, I, 526. II, 63. 182.

— (P. Rulli) *agraria* 63, II, 258. 259. 260. 262.

Sulpicia (P. Rufi) *de ære alieno senatorum* 88, II, 137.

— *de bello Mithridatico*, II, 138.

— *de novorum civium libertinorumque suffragiis* 88, II, 137.

— *de revocandis vi ejectis* 88, II, 136. 137.

— (Ser. Galbæ) *de triumpho C. Pomptini* 54, II, 396.

Terentia de libertinorum liberis 189, I, 483.

Terentilia de quinqueviris legibus scribendis 462, I, 161 et seq.

Thoria agraria 118, II, 59.

Titia (Publii) *de magistratu P. Servilio Cascæ abrogando* 43, II, 615.

— *de III viris rei publicæ constituendæ creandis* 43, II, 618.

— (Sexti) *de agris dividundis* 99, II, 95.

Trebonia de tribunorum plebis creatione 448, I, 192. II, 695.

— *de provinciis consularibus* 55, II, 373.

Tullia de ambitu 63, II, 268.

— *de legationibus liberis* 63, II, 266.

Valeriæ (P. Poplicolæ) 509, I, 120-125.

Valeria de candidatis, I, 125.

Valeria de provocatione, I, 120. 122. 124.

— *de quæstoribus,* I, 124.

— *de sacrando cum bonis capite ejus qui regni occupandi consilia inisset,* I, 125. II, 684.

— (M. Corvi) *militaris* 342, I, 274 et seq.

— *de fenore* 342 (?), I, 274.

— (cons. M. Corvi) *de provocatione* 300, I, 339. 340.

— (C. Tapponis) *de civitate Formianis Fundanis Arpinatibus danda* 188, I, 482.

— (L. Flacci) *de ære alieno* 86, II, 149. 179.

— (Interregis L. Flacci) *de Sullæ dictatura* 82, II, 167.

— (Fundania) *de lege oppia abroganda* 195, I, 457.

Valeriæ Horatiæ 449, I, 183-190.

Valeria Horatia de plebiscitis, I, 186 et seq. 289. 349. II, 703.

— *de provocatione,* I, 185. 339.

— *de tribunicia potestate,* I, 183. 184. II, 705. 707.

Varia de majestate 90, II, 120 et seq.

Vatinia de alternis conciliis rejiciendis 59, II, 311.

— *de colonia latina Comum deducenda* 59, II, 320.

— *de indicio Vettii* 59, II, 324.

— *de provinciis Cæsaris* 59, II, 319.

Vibia de actis Cæsaris confirmandis 43, II, 590.

— *de colonis deducendis* 43, II, 591.

— *de dictatura tollenda* 43, II, 591.

Villia annalis 180, I, 511 et seq.

Visellia de cura viarum 72, II, 699.

Voconia de mulierum hereditatibus 169, I, 552.

M. Lollius Palicanus, tribun 71, II, 206. 208. 209. 232. 716.

Lorum, I, 407.

Lucani, I, 6.

L. Lucceius, préteur 67, II, 232; 253. 262. 304. 365.

Luceres, I, 26. 28. 31-36. 54. 60. 70. 81. 334.

Luceres Albani, I, 34.

Luceres secundi, I, 83.

Luceria, colonie, I, 35. 344. 346.

Lucerum, I, 35.

Lucilius, le poète, II, 81.

M. Lucilius, II, 253.

Sex. Lucilius (?) tribun 87, II, 143. 148.

C. Lucilius Hirrus, tribun 53, II, 389. 398; 431. 438. 475.

Lucques (conférences de), II, 362 et seq.

Lucrèce, I, 74.

Lucretilis, I, 35.

M. Lucretius, tribun 173, I, 530.

C. Lucretius Gallus, préteur 171, I, 538. 540. 541.

Q. Lucretius Ofella, II, 160. 163. 172.

Sp. Lucretius Tricipitinus, I, 74. 115. 168.

Lucretius Vespillo, II, 20.

Lucterius, II, 433.

Lucumo, I, 33.

Lucus asyli, I, 33. 35.

— *Dianius,* I, 20.

— *interduos lucos,* I, 23.

— *Petelinus,* I, 220. 275. 349.

Ludi apollinares, I, 460. II, 625.

— *megalenses,* I, 460.

— *plebeii,* I, 404. 565.

— *quinquennales,* II, 535.

— *romani,* 1, 77. 460. 565. II, 537.

— *scenici,* I, 460.

— *stativi,* I, 460.

— *victoriæ Cæsaris,* II, 501. 571.

— — *Sullæ,* II, 179.

— *Votivi Cn. Pompeii,* II, 219.

— — *C. Cæsaris Octaviani et M. Antonii,* II, 649.

Luna, colonie, I, 519.

Lupercales, I, 22. II, 539.

Luperci juliani, II, 535.

Lupercus, I, 5.

M. Lurius, II, 633,

L. Luscius, II, 251.
C. Lusius, II, 81.
Lustrum, I, 100. 364.
C. Lutatius Catulus, consul 242, I, 380.
Q. Lutatius Catulus, consul 102, II, 81 et seq. ; 112. 148.
Q. Lutatius Catulus, consul 78, II, 190 et seq., 230. 239. 247. 249. 252. 266. 273. 276. 283. 289. 305. 370. 498.

M

Macedonia, I, 555. 581. 586.
Machares, II, 225. 286.
Sp. Maelius, I, 217.
Mœnius, tribun 121 (?), II, 54.
C. Mœnius, consul 338, I, 301. 314. 376.
C. Mœnius, préteur 180, I, 495.
Magister equitum, I, 127. 417. 423; ses pouvoirs, II, 689. 690; ses fonctions, 691; devint préfet du prétoire, 693.
Magister populi, I, 126.
L. Magius, II, 199.
P. Magius Chilo, II, 507.
Majestas populi romani, II, 92. 93.
Mali cives, I, 589.
Maliessa (= Beneventum), I, 366.
Cn. Mallius Maximus, consul 105, II, 77. 80. 87.
Mamertins, I, 373.
Octavius Mamilius, I, 73.
C. Mamilius Atellus, *curio maximus*, I, 423.
C. Mamilius Limetanus, tribun 109, II, 69.
Manilius (184), I, 502.
C. Manilius, tribun 66, II, 238. 243. 245.
M. Manilius, II, 243.
M. Manilius, consul 149, I, 584. 597. II, 13.
Q. Manilius Cumanus, tribun 52, II, 413.
Manius, II, 647.
A. Manlius, décemvir, I, 171.

C. Manlius (339), I, 274.
C. Manlius, II, 270. 271. 273.
Cn. Manlius, consul 357, I, 260.
Cn. Manlius, tribun 58, II, 339.
L. Manlius, I, 496.
L. Manlius, dictateur, II, 683.
L. Manlius, II, 194, note 7,
P. Manlius, I, 229.
Q. Manlius, I, 221. 223.
L. Manlius Acidinus, consul 179, I, 514.
M. Manlius Capitolinus, I, 155. 220.
L. Manlius Imperiosus, dictateur 363, I, 272.
C. Manlius Mancinus, tribun 107, II, 73. 74.
A. Manlius Torquatus, consul 244, I, 375.
A. Manlius Torquatus, préteur 52, II, 414. 415. 526.
L. Manlius Torquatus, consul 65, II, 245 et seq.
L. Manlius Torquatus, II, 254. 283; préteur 49, 446. 496.
T. Manlius Torquatus, consul 340, I, 280. 281. 301.
T. Manlius Torquatus, consul 235, I, 397. 424. 428. 443.
A. Manlius Volso, consul 178, I, 533.
Cn. Manlius Volso (consul 189), I, 478. 486. 496 et seq. 499.
L. Manlius Volso, consul 258, I, 375.
Manumissio. I, 68 note 2. 526.
Manus injectio, I, 270. 307.
Manus patria, I, 43.
   — *regia*, I, 41.
Marcia, vestale, II, 62.
Marcia, femme de Caton, II, 383.
Marcius, II, 161.
Marcius *prætor*, I, 366.
C. Marcius, tribun 311, I, 323.
L. Marcius, propréteur 212, I, 428.
Q. Marcius, consul 306, I, 376.
Cn. Marcius Censorinus, II, 40.
L. Marcius Censorinus, consul 149, I, 584. 587 et seq.
L. Marcius Censorinus, préteur 43, II, 591. 622. 642; consul 39, 649.
C. ou Cn. Marcius Coriolanus, I, 148.
Q. Marcius Crispus, préteur 45, II, 519. 597.

C. Marcius Figulus, consul 162, I, 563. 567. 569.

C. Marcius Figulus, consul 64, II, 251.

L. Marcius Philippus, tribun vers 104, II, 85; consul 91, 110 et seq. 116· 118; 121; censeur 86, 150; 165. 191. 193.

L. Marcius Philippus, consul 56, II, 349. 352. 366. 370; 386. 568. 570. 575. 585. 586. 588.

L. Marcius Philippus, tribun 49, II, 445. 667.

Q. Marcius Philippus, consul 281, I, 366.

Q. Marcius Philippus (consul 186), I, 495. 541. 554. 559. 560. 561 et seq.

Q. Marcius Rex, préteur 144, I, 595.

Q. Marcius Rex, consul 68, II, 221. 226. 231. 236. 271. 273.

C. Marcius Rutilus (consul 357) premier dictateur plébéien, I, 229. 268; 270. 272. 273; premier censeur plébéien en 351, 271, 282.

C. Marcius Rutilus Censorinus, consul 310, I, 364.

Q. Marcius Scylla, tribun 172, I, 534.

M. Marcius Sermo, tribun 172, I, 534.

Mariana, colonie, II, 95.

C. Marius, devant Numance, I, 607; tribun 119, II, 58; 70. 71. 72; consul 107, 73; consul 104, 78; consul 103, 81; consul 102, 82. 83; 86. 89. 91. 92. 94. 95. 96. 106; combat les Latins, 122. 128; lutte contre Sylla, 136. 137. 144-147; consul 86, 148; sa statue est relevée par César, 248; 263.

C. Marius (minor), II, 128. 139; consul 82, 159. 162. 164.

C. Marius, neveu du vieux C. Marius, II, 139.

L. Marius (ou Marcius), tribun 62, II, 292.

L. Marius, questeur 50, II, 386. 442.

M. Marius Gratidianus, tribun 87, II, 143; préteur 85 ou 84, 151; 164. 182.

Mars, temple, I, 334.

Marseille, I, 75. II, 465. 466. 591.

Massinissa, I, 559. 581-585.

Massiva, II, 68.

Mastarna (= Servius Tullius), I, 24. 64. 65.

Mater magna Idœa, I, 432. 494. II, 83.

C. Matienus, I, 602.

M. Matienus, préteur 173, I, 539.

C. Matius, II, 504.

Maurétanie, II, 666.

Mécènes (C. Cilnius Mæcenas), II, 641. 646. 654. 656; préfet de la ville, 659. 671.

Sp. Mecilius, tribun, I, 218.

C. Memmius, tribun 111, II, 62. 63. 67. 70. 74. 77. 94.

C. Memmius, tribun 54, II, 388. 393. 395. 399.

L. Memmius, II, 121.

C. Memmius Gemellus, tribun 66, II, 242; préteur 58, 326. 337 et seq.; 380. 386. 388. 417 et seq. 435.

Ménécrate, II, 650.

Menenii, I, 25.

L. Menenius, tribun 359, I, 270.

Menenius Agrippa, I, 133 et seq.

T. Menenius Lanatus, I, 148.

Ménodore (ou Mœnas), II, 645. 648. 650. 653 et seq. 659.

Menulla, II, 339.

Messine, I, 373. 388.

C. Messius, tribun 57, II, 341. 343. 348; édile 55, 373. 383.

Metella, femme de Sylla, II, 165. 186.

Metilii, I, 34.

Metilius, I, 218.

M. Metilius, tribun 217, I, 414.

Mézence, I, 12.

Micipsa, II, 33.

C. Milonius, tribun 87, II, 143.

Minæ, II, 701.

Minerve, I, 79.

Minturnes, I, 345. 440. 473.

Minucius, préteur 43, II, 620.

C. Minucius Augurinus, tribun 187, I, 489 et seq.

L. Minucius Augurinus, préfet de l'annone 440, I, 217.

L. Minucius Basilus, préteur 45, II, 518. 543.

L. Minucius Myrtilus (187), I, 496.

M. Minucius Rufus, consul 221, I, 399, 413. II, 689. 690. 692.

M. Minucius Rufus, tribun 121, II, 54.

Q. Minucius Rufus, consul 197, I, 476.

M. Minucius Thermus, II, 201.

Q. Minucius Thermus, consul 193, I, 467. 469. 477.

Q. Minucius Thermus, tribun 62, II, 298.

Misène (traité de), II, 650. 651.

Mithridate, II, 30. 134. 135. 151. 152. 177. 184. 199. 224 et seq. 235. 285. 287. 288.

Mithridate (*Pergamenus*), II, 486.

Modène, colonie, I, 505; (guerre de), II, 584 et seq.

Montani, I, 23.

Mucia, II, 381. 641.

Q. Mucius Orestinus, tribun 64, II, 253.

P. Mucius Scævola, (consul 133), I, 603. 604. II, 9. 19. 22. 29.

Q. Mucius Scævola, consul 174, I, 538.

Q. Mucius Scævola, tribun 106, II, 77; consul 95, 102-108; grand pontife, 148. 160.

Q. Mucius Scævola (augure), II, 112. 139.

Q. Mucius Scævola, tribun 54, II, 387. 396.

Mulleus, I, 247.

Multa, I, 164 et seq.

Multæ dictio, I, 124. 165.

Multam irrogare, I, 165. II, 703.

L. Mummius, préteur 177, I, 489. 526.

M. Mummius, II, 204.

Q. Mummius, tribun 187, I. 489.

Q. Mummius, tribun 133, II, 15.

L. Mummius Achaicus, consul 146, I, 587. 592. 598 et seq.

Sp. Mummius, I, 607.

C. Munatius Plancus (= L. Plautius Plancus), II, 620.

Cn. Munatius Plancus, préteur 43, II, 605.

L. Munatius Plancus, préfet de Rome 45, II, 512. 519; consul désigné pour 42, 534. 550. 564. 582. 589. 596. 601. 605. 606. 608. 609. 610. 612. 616;

consul 42, 618. 621. 622; 635. 638. 645. 669.

T. Munatius Plancus, tribun 52, II, 401. 403. 405. 413. 414. 416. 420; 506. 594. 643. 644.

Munda (bataille de), II, 513.

Municipes, I, 61. 106. 299.

   —   *ærarii*, I, 61. 106.

Mylæ (bataille de), II, 659.

N

Nænia, II, 499.

Nævius, le poète, I, 432. 433.

M. Nævius, tribun 184, I, 490.

Q. Nævius, préteur 184, I, 495.

Narbo Martius, colonie, II, 60. 530.

Narnia, colonie, I, 344. 441. 444.

Natio optimatium, II, 324.

Naulochus (bataille), II, 659.

Neapolis, I, 372.

Nectere, I, 307.

Nepete, colonie, I, 297. 441.

Neptunus equester, I, 28.

Nexi, I, 107, 306.

Nexum, I, 307.

Nicomède, II, 86. 134. 135. 198.

P. Nigidius Figulus, préteur 58, II, 276. 326.

Ninnius (ou Nonius), II, 89.

L. Ninnius Quadratus, tribun 58, II, 329. 332. 339. 340. 342.

Nobiles, I, 236 et seq. 239 et seq.

Nola, I, 346. 372. II, 178.

Nomentum, I, 295. 301.

Nonius (ou Ninnius) candidat au tribunat 100, II, 89.

Nonius, candidat au tribunat 87, II, 141.

Nonius Asprenas, tribun 44, II, 558.

Nonius Balbus, tribun 32, II, 668.

M. Nonius Sufenas, tribun 56, II, 367; 383.

Norba, colonie, I, 296.

C. Norbanus Bulbus, tribun 104, II, 79. 93; 104 et seq. 156-160. 163.

C. Norbanus Flaccus, II, 627; consul 38, 653; 662. 667.

Novitas, I, 243.
L. Novius, tribun 58, II, 342.
Novius Niger, II, 283.
Novum Comum, colonie, II, 424. 425.
Noxa, I, 306.
Nuceria, I, 372.
Numa, I, 23.
Numa Pompilius, I, 31. 39. 40.
Numance, I, 605.
Numen, II, 683.
Q. Numerius Rufus, tribun 57, II, 341.
Numidia, II, 497.
C. Numitorius, II, 147.
Q. Numitorius Pullus, II, 31.
Nundinæ, 1, 62, note 1. 355. 356.

O

Obnuntiatio, I, 570. II, 534. 700. 711.
Ocrisia, 1, 67.
Octave (= C. *Julius Cæsar Octavianus*), II, 28. 528; nommé maître de
la cavalerie par César, 533; 565 et
seq.; vient d'Apollonie à Rome,
568; entrevue avec Antoine, 569;
demande l'héritage de César, 570;
fait élever une statue à César, 571;
menacé par Antoine, 574; s'entend
avec Cicéron, 575. 576. 577; guerre
de Modène, 585. 594. 598. 599; est
mécontent du Sénat, 601. 602; prépare son alliance avec Antoine,
603; on lui refuse le triomphe, 607;
on le charge de défendre l'Italie,
609; demande le consulat, 610. 611;
marche sur Rome, 612. 613; consul,
614; se venge de ses ennemis, 614.
615; forme le triumvirat, 617. 618;
les proscriptions, 619-621; organise
les magistratures, 622; ses mesures
financières, 623. 624; rend honneurs
à César, 624. 625; nomme les gouverneurs de provinces, 625. 626;
bataille de Philippes, 628. 629; signe
un traité particulier avec Antoine,
630. 631; rentre à Rome 41, 632;
donne des assignations aux vétérans, 633. 634; lutte contre L. Antoine, guerre de Pérouse, 634-639;
va en Gaule, 640; attaque Sex. Pompée, 640. 641. 645. 646; traité de
Brindes, 646. 647; établit des impôts,
648; Misène, 650. 651; 652. 653;
guerre contre Sex. Pompée, 653-660; traité de Tarente, 656. 657;
dépossède Lépide, 660; révolte des
soldats, 661; reçoit l'inviolabilité
tribunitienne, 662; va en Dalmatie,
663. 664. 666; édile, 667; se brouille
avec Antoine, 668. 669; guerre avec
Antoine, 670-673; 716.
Octavie, sœur d'Octave, II, 409. 430;
épouse d'Antoine, 647. 656. 658. 665;
est répudiée par Antoine, 669.
Octavie (portique d'), II, 667.
Octavius, II, 409.
C. Octavius, préteur 61, II, 299. 528.
Cn. Octavius, préteur 168, I, 559.
Cn. Octavius, consul 87, II, 141. 143.
146. 147.
Cn. Octavius, consul 76, II, 195.
L. Octavius, consul 75, II, 196. 200.
212.
L. Octavius, lieutenant de Pompée 67,
II, 237.
M. Octavius tribun 133, II, 13. 14. 36.
714.
M. Octavius, édile 50, II, 431; 467.
491. 497.
Œnotriens, I, 11.
Cn. Ogulnius, tribun 300, I, 337.
Q. Ogulnius, tribun 300, I, 337. 361.
Oligarchie de la *gens Fabia*, I, 156 et
seq.
— des décemvirs, I, 177 et
seq.
Ombriens, 1, 11. 12.
Opifices, I, 261. 318. 322. 518.
L. Opimius, préteur 125, II, 31; 42;
consul 121, 53-58; 66. 70.
Q. Opimius, consul 154, I, 569.
Q. Opimius, tribun 75, II, 196. 197.
716.
Opiques, I, 11.
Oppius, mons, I, 23.
C. Oppius, II, 523. 576.
P. Oppius, II, 236.
Sp. Oppius, décemvir, I, 182. 206.

Opsci, I, 6.
Optimates, I, 588 et seq.
Optio, I, 552.
Orbæ, I, 103.
Orbi pupilli, I, 103.
P. Orbius, préteur 65, II, 287.
C. Orchius, tribun 181, I, 510.
C. Orchivius, préteur 66, II, 242.
rchomène, bataille, II, 152.
Orcini, II, 557.
Ordo libertinorum, I, 260 et seq. 317.
Ostie, I, 74. 367.
M. Otacilius Crassus, consul 263, I, 375.

P

Pacorus, chef des Parthes, II, 644.
Paculla Annia, I, 494.
M. et Q. Pacuvius, II, 386.
Paeligni, I, 12.
Paestum (= Posidonia), colonie, I, 366.
Pagani, I, 23.
Pagi. I, 23.
Pagus Aventiniensis, I, 23.
— *janiculensis*, I, 23.
— *succusanus*,, I, 23.
Palatinus (mons), I, 27.
Palatium, I, 23.
Pales, I, 26.
Palestine, II, 287.
Palilia, I, 26.
Panætius, I, 600.
Panares, II, 228. 292.
Papirii, I, 25.
M. Papirius, II, 338.
C. Papirius Carbo, tribun 131, II, 24;
triumvir agris dandis assignandis,
26. 28; 41; consul 120, 57. 59; 715.
C. Papirius Carbo C. f., II, 98. 99.
102; tribun 89, 127; 160.
C. Papirius Carbo Cn. f., II, 178.
Cn. Papirius Carbo, consul 113, II, 67.
Cn. Papirius Carbo Cn. f.. tribun 92,
II, 125 note 2; 144. 150. 151; con-
sul 85, 154; consul 84, 156. 158;
consul 82, 159. 160; 163. 184.

Cn. Papirius Carbo Cn. f. Cn. n., II, 236.
L. Papirius Cursor, consul 326, I, 306;
dictateur, 308. 311. 312. 313; 330.
339. 347. II, 682. note 5.
L. Papirius Fregellanus, I, 525.
C. Papirius Maso, consul 231, I, 393.
C. Papirius Turdus, tribun 178, I, 533.
C. Papius, tribun 65, II, 249.
C. Papius Mutilus, II, 122. 123.
Parma, colonie, I, 505.
Parthes, II, 432. 542. 643. 644. 655. 663. 668.
Parthini (d'Illyrie), II, 652.
Patavium, I, 521.
Pater familias, I, 44.
Pater patratus, I, 40.
Patres, I, 38.
— *juniores*, I, 39.
— *seniores* ou *majores*, I, 39.
— *minorum gentium*, I, 83. 84.
Patriciat, I, 237 et seq. 244 et seq. II, 666.
Q. Patulcius, II, 415.
Pecuarii, I, 457. 468. 488.
Peculatus, I, 478. 490.
Pecuniosi, I, 103.
Q. Pedius, préteur 48, II, 469. 479;
494. 510. 513. 517. 570; consul 43,
614. 617 et seq. 621.
Sex Peducæus, tribun 113, II, 62.
Sex. Peducæus, préteur 76, II, 213.
Sex. Peducæus, II, 472. 494.
Pedum, I, 295. 301.
Pélasges, I, 8.
Pénates, I, 40.
Perduellio, I, 98. II, 263. 704.
Peregrini, I, 58.
Peregrini dediticii, I, 58. 59. 60. 389.
481. 522.
Pérouse (guerre de), II, 636-638.
M. Perperna, consul 130, II, 29. 30.
M. Perperna, consul 92, censeur 86,
II, 150. 386.
M. Perperna, fils du précédent, pré-
teur 82, II, 165. 184. 194. 199. 205.
Persée, I, 535. 582.
Petillius, scribe, I, 496.
Q. Petillius, tribun 187, I, 488. 496.

Petitio absentium, II, 304. 427.
M. Petreius, II, 282. 309. 379. 465.
    491. 495. 496.
Peucètes, I, 11.
Phaleræ, I, 242. 320.
Phaméas, I, 535.
Pharnace, II, 288. 485. 486. 499.
Pharsale, II, 475.
Phéniciens, I, 16.
Philippe de Macédoine, I, 445. 535.
Philippiques (de Cicéron), II, 582-593.
Phocéens, I, 75.
Phraates, II, 285.
Picentes, I, 6. 12.
L. Pinarius, II, 570.
L. Pinarius Natta, II, 350.
Pirates (guerres des), II, 227 et seq.
    232. 237.
Pisaurum, colonie, I, 499.
Pise, I, 10. 456.
Placentia, colonie, I, 371. 404. 441.
M. Plætorius, II, 251, note 2.
Cn. Plancius, II, 99.
Cn. Plancius, questeur 57, II, 347 ;
    édile 54, 378 ; 385 et seq.
Plautius, II, 145.
Plautius, tribun, II, 192.
A. Plautius, tribun 56, II, 354 ; édile
    54, 378 ; préteur 51, 421.
C. Plautius, préteur avant 146, I, 594.
L. Plautius Hypsæus, II, 9.
M. Plautius Hypsæus, II, 49.
P. Plautius Hypsæus, II, 399. 404. 417.
L. Plautius (= C. Munatius) Plancus,
    II, 620.
M. Plautius Silvauus, tribun 89, II, 127·
C. Plautius Venox, censeur 312, I,
    316. 325.
Plebiscita, I, 141.
    —   *de imperio,* I, 289. 353.
Plébiscite (= *lex*), II, 703.
Plébiscites (liste des), I, 287, note 1.
*Plebiscitum de abrogando Q. Cæpioni
        imperio* 105, II, 77.
    —   *de actis Cæsaris* 44, II,
        560.
    —   *de ære alieno minuendo*
        287, I, 348.
    —   *de consulibus ambobus
        plebeiis* 342, I, 277. 278.

*Plebiscitum de dedicanda statua Mi-
        nervæ* 58, II, 334.
    —   *de dedicatione templi aræ-
        ve* 304, I, 331.
    —   *de fenore semunciario* 347,
        I, 271.
    —   *de M. Aurelii Cottæ et
        Cn. Papirii Carbonis
        honoribus* 67, II, 237.
    —   *de magistratibus duobus
        eodem anno non geren-
        dis* 342, I, 277. 279.
    —   *de magistratibus intra de-
        cem annos non iteran-
        dis* 342, I, 277. 279. 413.
        II, 171.
    —   *de Octaviæ et Liviæ ho-
        noribus* 35, II, 665.
    —   *de petitione absentis C.
        Cæsaris* 52, II, 410. 419.
        422.
    —   *de populo non sevocando*
        357, I, 259.
    —   *de provinciis consularibus*
        44, II, 562.
    —   *de Thermensibus* 71, II,
        715.
    —   *de tribunicia C. Cæsaris
        Octaviani potestate* 36,
        II, 662.
    —   *de tribunis decem crean-
        dis* 457, I, 163.
    —   *de tribunis plebis reficien-
        dis* (avant 123), II, 24.
    —   *de III viris reipublicæ cons-
        tituendæ* 37, II, 657.
    —   *ne cui absenti magistra-
        tum petere liceret* (?)
        63, II, 289. 304. 410.
    —   *reddendorum   equorum*
        (vers 129), II, 29. 45.
Plebs, I, 56 et seq.
    — *infima,* I, 265.
Q. Pleminius, I, 431. 497.
L. Plotius Gallus, II, 108.
C. Poetelius, tribun 358, I, 268.
C. Poetelius Libo, consul 326, I, 306.
M. Poetelius Libo, consul 314, I, 314.
Polybe, I, 579.
Pomœrium, I, 78. II, 186. 524.

Q. Pompædius Silo, II, 115. 119. 121. 131. 132.

Cn. Pompée (*Magnus*), II, 149. 157. 165. 184; bat M. Æmilius Lepidus, 193 et seq.; bat Sertorius, 195. 199. 200. 205. 206; 208. 210; consul 70, 211 et seq.; 219. 220. 224-227; bat les pirates, 231. 232; 237; combat Mithridate, 239. 241. 242. 285-288; 289. 293. 297. 298. 299. 300; s'unit avec César, 305. 313. 315; épouse Julia, 316; 317. 322. 333. 338; favorise le rappel de Cicéron, 340. 343. 345; *curator rei frumentariæ*, 348; 352. 354. 356; défend Milo, 357. 358; 360; va à Lucques, 362. 363; 370. 373; fait des réformes, 374. 375. 377. 381; 389. 391. 395; désire la dictature, 397. 398; 399. 401. 405; consul 52. 407-420; conflit avec César, 423. 425-429; 436-441. 447. 449. 452; est nommé chef du parti opposé à César, 454. 456; guerre civile, 457-463. 473-476; 479. 591. 716.

Cn. Pompée *Cn. magni filius*, II, 461. 491. 510. 514.

Sex. Pompée *Cn. magni filius*, II, 510. 514. 552. 579. 596. 601. 609. 612. 615; est proscrit par Octave, 621; occupe la Sicile, 628. 630. 633. 639. 640; Octave cherche à le gagner, 641; 644. 645; traité de Brindes, 646; occupe la Sardaigne, 648; entrevue de Misène 39, 650. 651; continue la piraterie, 653; 656. 657; vaincu en 36, 659. 660; va en Asie où il meurt, 665. 666.

Pompeia, femme de César, II, 294.

Pompeii, colonie, II, 178.

Pompeiopolis, II, 238.

Pompeius, tribun 89, II, 95.

Cn. Pompeius (tribun?), II, 84.

Q. Pompeius, consul 141, I, 596. 599. 605; II, 16; censeur 131, 28.

Sex. Pompeius, consul 35, II, 664, note 2.

A. Pompeius Bithynicus, préteur 45, II, 520; 628. 630.

Q. Pompeius Rufus, préteur 91, II, 121; consul 88, 137. 138. 142.

Q. Pompeius Rufus, préteur 63, II, 271.

Q. Pompeius Rufus, tribun 52, II, 388. 398. 401. 402. 403. 404. 405. 413. 420.

Cn. Pompeius Strabo, II, 124; consul 89, 128. 130; 131. 142. 144. 145.

Pomponius (?) tribun 45, II, 524.

Cn. Pomponius, tribun 90, II, 120.

M. Pomponius, préteur 161, I, 565.

Q. Pomponius, tribun 393, II, 695, note 6.

M. Pomponius Matho, consul 231, I, 393.

C. Pomptinus, préteur 63, II, 275. 282. 318. 396. 397. 433.

Pons Mulvius, II, 74. 275. 613.

— Sublicius, I, 78.

Pont (érigé en province), II, 286.

Pontiæ, colonie, I, 344.

Pontifes, I, 87, note 3. 327. 337, 374.

Pontifex maximus, I, 374. II, 266. 557.

L. Pontius Aquila, tribun 45, II, 543. 521. 542. 594. 599. 601.

Pontius Telesinus, II, 132. 161. 162.

P. Popilius, II, 219.

C. Popillius Lænas, consul 172, I, 534. 535. 559. 567.

C. Popillius Lænas, II, 75. 76.

C. Popillius Lænas, II, 620.

M. Popillius Lænas, consul 359, I, 269. 272.

M. Popillius Lænas, consul 173, I, 543. 533. 534. 537. 566 et seq.

M. Popillius Lænas, consul 139, I, 605.

P. Popillius Lænas, consul 132, II, 22. 37. 58.

P. Popillius Lænas, tribun 86, II, 148.

Populares, I, 588 et seq.

Populus, I, 37.

Porcia (basilique), II, 403.

Porcia, fille de Caton, femme de M. Brutus, II, 540.

Porcii ou *Porciani*, II, 369.

C. Porcius Cato, consul 114, II, 70.

C. Porcius Cato, II, 325; tribun 56, 352. 354. 355. 357. 358. 367. 370. 383. 483.

L. Porcius Cato, consul 89, II, 128.

M. Porcius Cato, I, 449 et seq.; consul 195, 453; 472. 476. 486. 488. 493. 495.

499 ; censeur 184, 501 et seq. 510. 511 ; 515. 532. 537. 539. 544. 552. 555. 559. 564. 571 et seq. 575. 578. 582. 584. 588. II, 8.

M. Porcius Cato, consul 118, II, 60.

M. Porcius Cato (d'Utique), II, 180 ; questeur 65, 250 : tribun 62, 269. 279. 280. 281. 290. 298-301. 304. 305. 306 ; 309. 317. 320. 322. 330 ; est envoyé à Cypre, 331. 334. 337. 368. 369 ; 372 et seq.; préteur 54, 378-396; 398. 405. 409. 412 ; candidat au consulat de 51, 420. 421 ; 428. 430. 430. 434. 438. 442. 453. 455. 457, 466 ; va en Afrique, 491. 496 ; 500.

M. Porcius Cato, *M. fil.*, II, 629.

M. Porcius Læca, II, 254. 272. 282.

P. Porcius Læca, préteur 195, I, 458.

L. Porcius Licinus, consul 184, I, 500.

Porsenna, I, 64. 65. 130.

Portoria, I, 390. 516.

Posidonia, I, 366.

Possessiones agri publici, II, 5 et seq.

Possessores veteres, II, 12.

P. Postumius, II, 280.

Sp. Postumius, décemvir, I, 171.

A. Postumius Albinus, censeur 174, I, 528 et seq.

A. Postumius Albinus, consul 151, I, 572. 574.

A. Postumius Albinus, II, 68. 69.

L. Postumius Albinus, consul 234, I, 393. 424.

L. Postumius Albinus, consul 173, I, 527. 528. 529.

Sp. Postumius Albinus, consul 321, I, 303.

Sp. Postumius Albinus, consul 186, I, 495.

Sp. Postumius Albinus, consul 174, I, 528.

Sp. Postumius Albinus, consul 148, I, 569.

Sp. Postumius Albinus, II, 5.

Sp. Postumius Albinus, consul 110, II, 68. 69.

Postumius Cominus, consul 493, I, 133.

L. Postumius Megellus, consul 294, I, 342. 346. 362. II, 712.

M. Postumius Pyrgensis (publicain) I, 390. 422.

Potentia, colonie, I, 499.

Potestas regia, I, 41. 45.

— *tribunicia*, II, 699 et seq.

Potitii, I, 327.

Prædia rustica, I, 517.

Prædium populi romani, I, 390.

Præfecti juridicundo, I, 309. 311.

Præfecti urbis octo 45, II, 512.

Præfectura, I, 311.

Præfectus annonæ, I, 217.

— *morum*, II, 499. 525.

— *oræ maritimæ*, I, 324.

— *prætorio*, II, 593.

— *urbis feriarun latinarum causa*, II, 190. 533.

Præneste, I, 295. 302. II, 160. 161.

Prætor judex, I, 227.

— *latinus*, I, 295. 393.

— *peregrinus*, I, 380.

— *urbanus*, I, 227.

Prætores, I, 116.

Préteurs, au nombre de quatre, I, 396; six, 452 ; huit, II, 180 ; dix, 488. 494; quatorze, 518 ; seize, 531 ; soixante-sept, 654.

Préture (son établissement), I, 227.

Primores juvenum, I 257.

— *plebis*, I, 194.

Princeps nobilitatis, I, 243.

Principes juventutis, I, 257.

— *plebis*, I, 194.

Prisci latini, I, 19.

Privernum, I, 304.

Procilius, tribun 56, II, 383.

Proletarii, I, 104. 218 et seq. 257 et seq. 318. 322. 366. 517.

— *ingenui*, I, 517.

Provincia, I, 389. II, 711.

Provocatio, I, 122. 174. 185. 340. II, 565.

Prusias, I, 507. 559.

Pseudophilippus, I, 586.

Ptolémée, fils d'Antoine et de Cléopâtre, II, 663.

Ptolémée (de Cypre), II, 331. 368.

Ptolémée Alexandre I ou II, II, 249.

Ptolémée Aulète, II, 249. 309. 352 et seq. 390. 499.

Ptolémée, fils du précédent, II, 476. 481.

Ptolémée Césarion, II, 667. 669.

Ptolémée Philadelphe, I, 361. 365. 559.

Publicani, I, 255. 335. 390. 406. 421. 435 et seq. 481. 504. 516. 546. 555. 562. 568. 592. 607. II, 226. 300. 310. 391.

C. Publicius Bibulus, tribun 209, I, 422. 435.

Publicius Malleolus, II, 84.

Publilia, I, 573.

Publilia, femme de Cicéron, II, 507.

Q. Publilius Philo (dictateur 339), I, 230. 281. 283. 292. 303. 308. 313 et seq.

Publilius Volero, I, 158. 159.

Pudicitia, I, 573.

     — *patricia et plebeia*, I, 342.

Punicum, I, 16.

M. Pupius Piso Calpurnianus, préteur 71, II, 210; consul 61, 293. 295.

Puteoli, colonie, I, 446. 455. 465, 479, note 6. II, 178.

Pydna, I, 555.

Pyrgi, 1, 16. 455.

Pyrrhus, I, 361. 364.

Q

Quæsitor, II, 62. 283.

Quæsitores tres, II, 69.

Quæstiones extraordinariæ, I, 314. 339. 527. 576. 602. II, 62. 69. 79. 120. 294. 412. 614 et seq.

Quæstio extraordinaria de conjuratione clandestina, I, 495.

    —   *de liguribus deditis*, I, 534.

    —   *de pecunia regis Antiochi*, I, 489.

    —   *de veneficis*, I, 495. 543.

Questiones perpetuæ, I, 577. II, 104. 182. 509. 566.

Quæstio perpetua de ambitu, II, 183. 218. 233. 268. 289. 298. 411.

    —   *de falsis*, II, 182.

    —   *de majestate*, II, 93. 104 et seq. 182. 509. 565.

    —   *de peculatu*, II, 183.

    —   *de repetundis*, I, 526. 577. II, 30 et note 6. 46. 63. 182. 321. 375.

    —   *de sicariis et veneficis*, I, 597. II, 182. 250. 375.

    —   *de sodaliciis*, II, 375.

    —   *de vi*, II, 183. 324. 509. 565.

Quæstores, I, 123. 124 et seq. 192. 214 et seq. 367. 570; leur nombre porté à vingt, II, 173. 181; à quarante, 518; âge requis, 171.

    — *ærarii*, I, 124.

    — *parricidii*, I, 124.

Quattuorviri juridicundo, I, 314. 479, note 6.

    — *viis purgandis*, I, 532.

Quinctilii, I, 34.

Quinctius, préteur 143, I, 604.

L. Quinctius, tribun 74, II, 197. 716; préteur 70, 226.

T. Quinctius, I, 274.

L. Quinctius Cincinnatus, dictateur, I, 218. II, 686.

L. Quinctius Flamininus (consul 192), I, 447 et seq. 470. 502. 507.

T. Quinctius Flamininus (consul 198), I, 478. 482 et seq. 504. 507 et seq.

T. Quinctius Flamininus, consul 123, II, 38.

T. Quinctius Scapula, II, 510. 514.

Quindecimviri sacrorum, II, 174. 488. 534.

Quinqueviri agris dandis assignandis, II, 117, 308.

    — *legibus de imperio consulari scribendis*, I, 161. 162.

Quinqueviri mensarii, I, 270.
Sex. Quintilius Varus, préteur 37, II, 341.
Sex. Quintilius Varus, propréteur 43, II, 608, note 6.
Quirina (tribu), I, 385.
Quirinalia, I, 30.
Quirinalis, I, 29.
Quirinus, I, 29. 30. 39.
Quirites, I, 27. 28. 37. 39. 51. II, 493.
Quirium, I, 27.

R

C. Rabirius, II, 201. 262 et seq.
C. Rabirius Postumus, II, 395 et seq.
L. Racilius, tribun 56, II, 352. 356. 358. 367.
Ramnes, I, 22. 25. 26. 27. 28. 30. 31. 37. 39. 45 et seq. 54. 81. 334.
Ramnes secundi, I, 83.
Ramus, I, 22.
Rasennæ, I, 12. 14. 24. 33. 65.
Recognitio equitum, I, 335, 502. II, 219.
Recuperatores, I, 539, 576.
Regina sacrorum, I, 114.
Remmius, tribun 91 (?), II, 114.
Remoria, I, 22.
Remus, I, 22. 33.
Rex sacrificulus, I, 114. 510.
Rhea Silvia, I, 21.
L. Rheginus, tribun 104, II, 80.
Rhegium, I, 372.
Rhéteurs grecs, I, 565. 572. II, 108.
Rhéteurs latins, II, 108.
Rhodes, I, 560 et seq.
Rhodiens, I, 365. 560.
Rogatio de ære alieno 63, II, 572.
— *de proscriptorum liberis* 63, II, 265.
— *de tacito judicio* 54, II, 388.
— *frumentaria* 119, II, 58.
— *octo tribunorum de reditu Ciceronis* 58, II, 342.
— *octo tribunorum de reditu Ciceronis* 57, II, 343.
— *quem id bellum gerere placeret* 132, II, 23.

Rogatio ut de eis qui ob judicandum pecuniam accepissent quæreretur 61, II, 299.
— *ut exules revocarentur* 88, II, 136.
Roma quadrata, I, 25.
Romani, I, 31.
Rome (fondation de), I, 21. 22.
Romilii, I, 25.
T. Romilius, décemvir, I, 171.
Romulus, I, 22. 30. 39.
Romulus Quirinus, I, 30.
Sex. Roscius Amerinus, II, 174. 180. 182.
L. Roscius Fabatus, préteur 49, II, 446. 455. 458.
L. Roscius Otho, tribun 67, II, 224. 231 ; préteur 63, 265.
Rubicon, II, 457.
Rubrius, tribun 133, II, 19.
Rubrius, tribun 122, II, 43. 48.
Rubrius, tribun 48, II, 470.
Q. Rubrius Varro, II, 139.
Rufuli, I, 542.
L. Rufus, II, 20.
Ruma, I, 22.
P. Rupilius, II, 22.
P. Rupilius, consul 132, II, 10.
M. Rutilius, I, 396.
P. Rutilius Lupus, consul 90, II, 122.
P. Rutilius Lupus, tribun 56, II, 355. 359 ; préteur 49, 446. 462. 467.
P. Rutilius Rufus (tribun 169), I, 541. 546 et seq. 550.
P. Rutilius Rufus, II, 62. 70. 73. 76 ; consul 105, 81 ; 105 et seq.
Rutuli, I, 12.

S

Sabini, I, 6. 12 et seq. 27 et seq. 367.
Saccularii, II, 151.
Sacella curiarum, I, 49.
Sacer mons, I, 133. 135. 180.
Sacra græca, I, 75.
— *patria*, I, 75.
— *peregrina*, I, 75.
Sacratio jurisjurandi, I, 135.

Sacro sancta potestas, I, 137. 185, 440. II, 694.

L. Sænius, II, 271.

Salernum, I, 455.

Saliens, I, 31.

C. Sallustius Crispus, tribun 52, II, 403. 405. 413 et seq.; 444; préteur 47, 488. 493; propréteur, 497. 511.

Salonius, tribun militaire, I, 273.

Saltus Marcius, I, 541.

Q. Salvidienus Rufus, II, 628. 636. 638. 648.

Salvius, tribun 43, II, 585. 620.

Samnites, I, 12.

Sardaigne, I, 391. 396. 544.

Sardi venales, II, 6.

Saticula, I, 344. 443.

Satricum, I, 297. 300. 308.

P. Saturejus, II, 20.

Saturnalia, I, 435. 565.

Saturnia, I, 505.

Satyros, II, 87.

Saufejus, tribun 101, II, 116.

C. Saufejus, questeur 100, II, 94.

M. Saufejus, II, 403. 417.

Scarphée (bataille de), I, 587.

C. Scatinius Capitolinus, tribun vers 228, II, 694, note 7.

Scribonia II, 641. 653.

C. Scribonius Curio, grand curion 174, I 535.

C. Scribonius Curio, II, 99; tribun 90, 120. 155; consul 76, 195. 196; proconsul, 198; 214. 239. 276. 296; censeur 61 (?), 298; 322.

C. Scribonius Curio II, 324; édile 53, 399 et seq.; tribun 50, 429 et seq. 434-442. 444. 448-451. 453-455. 466. 467.

L. Scribonius Libo, triumvir *mensarius* 216, I, 419.

L. Scribonius Libo, édile curule 194, I, 459.

L. Scribonius Libo, tribun 149, I, 575.

L. Scribonius Libo, II, 376. 467. 641. 644. 648. 650. 652 ; consul 34, 665 et seq.

Scriptura, I, 150.

Scylacium, colonie *minervia*, II, 57.

Secessio plebis, I, 133 et seq. 180. 272 et seq. 349 et seq.

Secessio Crustumerina, I, 133.
— *Tiburtina*, I, 327.

Sectatores, II, 244.

Seditio, I, 269.

Sellularii, I, 107. 261. 318. 322. 518.

Sempronia, femme de P. Scipio, II, 27.

Sempronia, femme de D. Junius Brutus, II, 256.

Sempronia horrea, II, 41.

M. Sempronius, tribun 193, I, 468.

P. Sempronius, tribun 311, I, 325.

Ti. Sempronius, tribun 167, I, 557.

A. Sempronius Asellio, préteur 89, I, 276. II, 126.

L. Sempronius Atratinus, consul 34, II, 665.

C. Sempronius Blæsus, consul 253, I, 375.

C. Sempronius Blæsus, tribun 211, I, 422.

C. Sempronius Gracchus, II, 15. 17. 21. 26. 32 ; tribun 123, 34 et seq.; tribun 122, 42 et seqq. 51 ; 53. 54. 55. 56. 101. 173. 715.

Ti. Sempronius Gracchus, tribun 187, I, 490 et seq. 498; 505. 508; censeur 169, 543 et seq.; 560. 561. 563. 580. II, 3.

Ti. Sempronius Gracchus, consul 238, II, 5. 6.

Ti. Sempronius Gracchus, I, 604. 606. II, 3 et seq.; tribun 133, 10 et seq.; demande un second tribunat, 17; sa mort, 19 et seq. 24; 700. 714.

P. Sempronius Sophus, censeur 299, I, 345.

P. Sempronius Sophus, censeur 252, I, 378. 383.

C. Sempronius Tuditanus, préteur 197, I, 453.

C. Sempronius Tuditanus, consul 129, II, 26.

M. Sempronius Tuditanus, censeur 230, I, 400.

P. Sempronius Tuditanus, censeur 209, I, 433.

Sena Gallica, I, 345. 420. 440.

Sénat, I, 248. 360. 407. 426 ; des alliés pendant la guerre sociale, II, 121;

de Sylla, 172. 173; de César, 504. 527; d'Antoine et d'Octave, 650.

Sénat à Thessalonique, II, 474.

Senatusconsultum de Bacchanalibus 186, I, 495.

— *de Chalædis* 139, I, 600. «

— *de Cretensibus* 94, II, 126. 223.

— *de Judæis* 44, II, 551.

— *de libris Numæ* 181, I, 496.

— *de manumissione* 177, I, 526.

— *de patriciis convocandis* 52, II, 401.

— *de pecunia credita* 193, I, 468.

— *de provinciis post quinquennium administrandis* 53, II, 400.

— *tacitum*, I, 583.

— *ultimum*, II, 19. 55. 94. 271. 398. 404. 455. 478. 484. 584. 589. 613.

C. Sentius, préteur 87, II, 152.

Sentius Saturninus, II, 652. 665.

Septemviri agris dandis assignandis, II, 564.

Septemviri epulones, II, 534.

Septimius, II, 270.

C. Septimius, préteur 57, II, 341.

Septimontium (fête du), I, 23.

Sérapis (culte de), II, 400.

Sergii, I, 25.

Sergius, II, 621.

L. Sergius Catilina, II, 164. 244 et seq.; candidat au consulat de 63, 251; 253 et seq.; conjuration, 254 et seq. 262. 267; prépare attentat contre Cicéron, 269-276; se retire en Etrurie, 281. 282; 312.

Q. Sertorius, II, 141. 143 et seq. 163. 165. 183. 187. 194 et note 7. 199. 205.

Servæus, tribun désigné pour 50, II, 429.

Servilia, II, 539.

Servilii, I, 34.

M. Servilius, tribun 43, II, 582. 594.

Q. Servilius, préteur 91, II, 119.

C. Servilius Ahala, maître de la cavalerie 439, I, 217.

C. Servilius Augur, préteur 102, II, 87 ; 98.

Cn. Servilius Cæpio, consul 203, I, 432.

Cn. Servilius Cæpio, consul 169, I, 541.

Cn. Servilius Cæpio, consul 141, censeur 125, II, 32.

Q. Servilius Cæpio, consul 140, I, 594. 605.

Q. Servilius Cæpio, consul 106, II, 76 et seq. 79. 80. 104.

Q. Servilius Cæpio, questeur 100, II, 90 ; 112. 120 et seq. 317.

Q. Servilius Cæpio Brutus = M. Junius Brutus.

C. Servilius Casca, II, 543.

P. Servilius Casca, tribun 43, II, 543. 549. 550. 576. 615.

C. Servilius Geminus, consul 293, dictateur 202, I, 427. 516. II, 688.

Cn. Servilius Geminus, consul 217, I, 412.

M. Servilius Geminus, consul 202, I, 557.

P. Servilius Geminus, consul 252, I, 375.

C. Servilius Glaucia, tribun 111, II, 63 ; 87 et seq. 94.

P. Servilius Globulus, tribun 67, II, 234; 243. 248. 287.

P. Servilius Priscus, consul 495, I, 132.

Q. Servilius Priscus, *mag. eq.* 494, II, 692.

Sp. Servilius Priscus, consul 476, I, 148.

P. Servilius Rullus, tribun 63, II, 258-262; 645.

P. Servilius Vatia Isauricus, II, 186; consul 79, 198; 201. 239. 266. 346. 355. 366; censeur 55, 372. 376 ; 386. 583.

P. Servilius Vatia Isauricus, préteur 54, II, 378. 384. 396; consul 48, 469

472. 477. 478. 495; 511. 518. 575. 584. 594 et seq.; consul 41, 637.

Servius, candidat au tribunat de 87, II, 141.

Servius Pola, II, 448.

Servius Tullius, I, 37. 63. 65 et seq. 71 et seq. 74. 78. 81. 89 et seq.

P. Sestius, questeur 63, II, 281; tribun 57, 341 et seq. 344 et seq.; 359; préteur 55, 372; 459. 512.

Setia, colonie, I, 297. 301. 441.

Seviri, I, 84 et seq. 333 et seq.

Sex Suffragia I, 250.

C. Sextilius Rufus, questeur 47, II, 495.

Sextius, préteur 87, II, 149.

T. Sextius, préteur 45, II, 520; 608. 632 et seq. 637. 640. 646.

C. Sextius Calvinus, consul 124, II, 59.

L. Sextius Lateranus (consul 366), I, 221. 226. 243. II, 713.

Sicani, I, 11.

L. Siccius Dentatus, tribun militaire, I, 179.

Sicile, I, 11. 388. 396. 452. II, 7.

Cn. ou L. Sicinius, tribun 76, II, 195. 716.

L. Sicinius Bellutus, I, 133.

Siculi, I, 6. 11. 23.

Signia, colonie, I, 296. 301. 443.

Signum concordiæ, I, 563.

P. Silicius Corona, II, 615.

Silvius, I, 18.

Sinuessa, colonie, I, 345. 440. 473. 528.

Sipontum, colonie, I, 455.

P. Sittius, II, 256. 495. 496. 497. 632.

Societates publicanorum, I, 255. 335. 504.

Socii, II, 48. 102; commencent la guerre 91, 119; organisent un état, 121; loi *Julia*, 123; loi *Plautia Papiria* 127; 145. 156.
— *navales*, I, 322. 403. 562.
— *nominis latini*, I, 368. 467. 503.

Sociorum formula, I, 523.

Sodales Tilii, I, 54.

Sodalicium, II, 375.

Sodalitates, II, 375.

Solde (des soldats), I, 218. 250. 254. 258. 275; doublée par César, II, 423.

Solitudo magistratuum, II, 685. 713.

Sora, colonie, I, 344. 346.

C. Sosius, préteur 49, II, 446. 462; 652. 656. 663. 667 et seq. 672.

Spartacus, II, 203 et seq.

Spectio, II, 714.

Spoletium, colonie, I, 384.

L. Statilius, II, 254. 274 et sqq.

T. Statilius Taurus, consul 37, II, 655; 659. 660. 666. 671.

L. Statius Murcus, préteur 45, II, 519; 597. 627 et sqq. 639. 650.

Sthenius, II, 207.

Stipendium, I, 389.

Stemmata, I, 240.

Stultorum feriæ, I, 53.

Subsellium tribunicium, II, 479. 696. 704.

Subura, I, 23. II, 496.

Suessa Aurunca, I, 344.

Suessa Pomoetia, I, 296. 441.

Suessula I, 303.

C. Sulpicius, dictateur 358, I, 272.

C. Sulpicius, consul 314, I, 314.

C. Sulpicius, préteur 63, II, 276.

Ser. Sulpicius, dictateur, I, 171.

C. Sulpicius Galba, II, 69.

P. Sulpicius Galba, II, 251.

Ser. Sulpicius Galba (consul 144), I, 556. 575. 594 et seq. 602.

Ser. Sulpicius Galba, préteur 54, II, 378. 396; candidat au consulat de 49, 445; 543. 615.

C. Sulpicius Gallus (consul 168), I, 539. 542. 552. 563.

P. Sulpicius Gallus, I, 599.

P. Sulpicius Rufus, II, 104. 112; tribun 88, 135 et sqq. 715.

P. Sulpicius Rufus, préteur 48, II, 469; 494. 527; censeur 42, 632.

Ser. Sulpicius Rufus, préteur 65, II, 267 et seq.; 280. 376; interroi 52, 406; consul 51, 421. 424 et sqq. 452. 462. 464; 494. 511. 551. 575. 584. 586.

P. Sulpicius Saverrio, censeur 299, I, 345.

Sutrium, I, 297. 441.

Sylla (*L. Cornelius Sulla*), II, 78. 128
  et sqq. ; consul 88, 130 et seq. ; 135;
  lutte contre Marius, 137 et seq. ;
  quitte Rome, 142 ; 148 ; campagne
  d'Orient, 151-155 ; son retour, 157
  et sqq. ; 165. 166 ; dictateur 82,
  167 et seq. ; triomphe, 177 ; les lois
  de la dictature, 169-183 ; 185 ; abdi-
  que, 187; sa mort, 190. 191 ; 688.
  715.
Syracuse, I, 431. 452.
Syrie (érigée en province), II, 287.

T

Tabulæ Cæritum, I, 106. 300.
  — *duodecim*, I, 172 et sqq.
  — *heracleenses*, II, 502.
  — *novæ*, II, 431. 470. 478. 487.
  — *proscriptionis*, II, 163. 619.
Tanaquil, I, 66.
Tarcnas (= Tarquinius), I, 66.
Tarente, fédérée, I, 375. 522 ; colonie
  Neptunia, II, 57.
Tarente (traité de), II, 656.
Tarpeia, I, 28,
Tarpeius, mons, I, 23.
Sp. Tarpeius, consul 454, I, 164. 191.
L. Tarquillius, mag. eq., II, 692.
L. Tarquinius, II, 277.
Tarquinius Collatinus, I, 116 et seq.
Aruns Tarquinius Egerius, I, 71.
Tarquinius Priscus, I, 64 et sqq. 70.
Tarquinius Superbus, I, 45. 72 et sqq.
  75. 81-89. 95. 112. 130. 245.
Tarracina (= Anxur), I, 304. 305. 440.
  473. 516.
Teanum (convention entre Octave et
  L. Antoine), II, 636.
Sex. Tedius, II, 403.
Temple de Bellone, I, 326.
  — de Honos, I, 334.
  — de Tellus, II, 547.
Tempsa, colonie, I, 455.
Térence, I, 373.
Terentia (femme de Cicéron), II, 507.
C. Terentilius Harsa, I, 161.

Cn. Terentius, I, 498.
Cn. Terentius, II, 277.
Cn. Terentius Culleo (tribun 189), I,
  483. 490 et seq.
Q. Terentius Culleo, tribun 58, II,
  340. 342 ; 605.
C. Terentius Varro, consul 216, I,
  414. 416.
M. Terentius Varro, *XX vir agris dan-
  dis assignandis* 59, II, 315 : lieute-
  nant de Pompée 50, 465. 525 ; 621.
M. Terentius Varro Lucullus (= M.
  Licinius Lucullus), II, 200.
A. Terentius Varro Murena, tribun
  54, II, 388.
Terme (*Terminus*), I, 79.
M. Terpolius, tribun avant 76, II,
  195.
Tertia, sœur de Scipion Emilien, I,
  580.
Tertiæ nundinæ, I, 147.
Testament de César, II, 515. 533. 548
      et seq.
  — d'Antoine, II, 669 et seq.
Testrina, I, 27.
Teutons, II, 75.
Thapsus, II, 495 et seq.
Theatrum et proscenium ad Apollinis,
      I, 516.
  — *Pompeii* II, 377.
Théocratie, I, 25. 44.
Thoranius ou Thorius. II, 194, note 7
Sp. Thorius, tribun 118, II, 59.
Tibicines, I, 327.
Tibur, I, 295. 302. 327. 467.
Tifata (bataille de), II, 157.
Tigrane, II, 225. 285 et seq.
Tigrane le jeune, II, 286. 299. 338.
Tigranocerte (bataille de), II, 225.
L. Tillius Cimber, préteur 45, II, 519;
  543. 550. 554. 597. 627.
Tities, I, 26-32. 36. 46. 47. 54. 81.
  334.
Tities secundi, I, 83.
Tities sodales, I, 27.
Cn. Titinius, II, 112.
M. Titinius, préteur 178, I, 539.
M. Titius, II, 652.
M. Titius *M. fil.* II, 665. 669.
P. Titius, tribun 43, II, 597. 615. 618.

Sex. Titius, tribun 99, II, 93. 95 et seq.

C. Titius Rufus, préteur 50, II, 431.

Tituli, I, 240.

Q. Titurius Sabinus, II, 407.

Titus Tatius, I, 27. 29. 30. 31.

Toga candida, I, 405.

— praetexta, I, 242. 407. 434.

Tolosa, II, 77.

Torrhèbes, I, 14.

Trabea, I, 335.

Traités de Bologne, II, 617.

— Brindes, II, 646.

— Misène, II, 650 et seq.

— Philippes, II, 630 et seq.

— Tarente, II, 656.

Transpadans, II, 131. 231. 249. 424.

Transvectio equitum, I, 334 et seq.

L. Trebellius, tribun 67, II, 231.

L. Trebellius, tribun 47, II, 483 et seq.

Trebianus, II, 526.

Trebonius, II, 81.

C. Trebonius, tribun 55, II, 373; 447. 465. 469; préteur 48, 477; 492. 494. 510; consul 45, 517 et seq.; 542. 550. 554. 593.

L. Trebonius, I, 192.

Trebula, colonie, I, 345.

Cn. Tremellius (tribun 168), I, 545. 568.

L. Tremellius, questeur 142, I, 586.

Cn. Tremellius Scrofa, II, 315.

Tresviri agris dandis assignandis, I, 393. II, 11. 16. 41. 59.

— capitales, I, 348. II, 531 et note 5.

— epulones, I, 458.

— mensarii, I, 418.

— monetales, II, 531, note 6.

— reipublicae constituendae, II, 617.

Tribunat, sa situation à l'égard de la dictature, II, 683; définition, inviolabilité, 694. 695; fonctions communes avec les autres magistrats, 699. 700; fonctions spéciales, 700-711; collège des tribuns, 711. 712; histoire du tribunat, 713-718.

Tribuni aerarii, II, 216. 508.

— militum, I, 55. 86. 180. 200 et seq. 258. 323. 423. 537.

— militum consulari potestate, I. 197 et seq. II, 397.

— plebis, I, 52. 137 et seq, 163. 286 et seq. 290 et seq. 313. 331. 417.

Tribunicia potestas, II, 140. 170.

— de César, II, 479. 526.

— d'Octave, II, 662.

Tribunus celerum, I, 55. II, 690. 691 et note 2.

Tribus, I, 55. 235. 293. 385. 592. II, 125.

— Aniensis, I, 345.

— Arniensis, I, 293.

— Crustumina, I, 293.

— Esquilina, I, 549.

— Falerna, I, 309.

— Maecia, I, 304. 429.

— Palatina, I, 293.

— Papiria, I, 299.

— Poblilia, I, 298.

— Pomptina, I, 298.

— Quirina, I, 385.

— Sabatina, I, 293.

— Scaptia, I, 304.

— Stellatina, I, 293.

— Suburana, I, 23.

— Teretina, I, 345.

— Tramentina, I, 293.

— Ufentina, I, 309.

— Velina, I, 385.

Tribus rusticae, I, 23. 261. 264. 318. 333. 348.

— urbanae, I, 261. 318. 333.

Tributum, I, 92. 321. 365. 443. 457. 558. II, 610. 623.

Trientabulum, I, 457.

Trinundinum, II, 97.

Triomphe, I, 313. 342. 476. 514. 595. II, 292.

— de Sylla, II, 176 et seq.

— de Pompée, II, 185. 240. 298 et seq.

— de César, II, 499. 517.

Triumphus in monte Albano, I, 393. 476. 514.

— navalis, I, 376. 485. 562.

Tryphon, II, 86.
M. Tucius, édile 192, I, 469.
Tullia, fille de Cicéron, II, 443. 522.
Tullianum, I, 72.
M. Tullius Albinovanus, II, 359.
P. Tullius Albinovanus, II, 139. 161.
M. Tullius Cicero, voyez Cicéron.
M. Tullius Cicero, M. fil., II, 629.
  652.
Q. Tullius Cicéro, préteur 62, II,
  278. 282. 292; 340. 343 et seq. 351.
  358. 365. 384. 407. 433. 620.
Q. Tullius Cicéro, Q. fil., II, 575. 620.
M. Tullius Decula, II, 172.
Tullus Hostilius, I, 31. 33. 36. 63. II,
  550.
Tunica angusticlavia, 1, 592.
  — *laticlavia*, I, 247. 408. 461.
  593.
Turmæ, I, 334.
Turnus, I, 12. 66.
T. Turpilius Silanus, II, 71.
Tursci, I, 14.
Tursennæ, I, 12.
Turullius, II, 629.
Tusci, I, 12. 65.
Tusculum, I, 12. 73. 295. 298 et seq.
  301.
Tuscus (vicus), 1, 24.
Tutoris datio, II, 698.

U

P. Umbrenus, II, 254. 276.
Umbri, I, 6.
Uria, I, 372.
Urso, colonie, II, 530.
Utique, II, 497.
Uxellodunum, II, 433.

V

Vacatio, I, 102. 440. 473.
Vaccéens, I, 606.
Valeriani milites, II, 285.

Valentia (Vibo), I, 391. 466.
Valentia, d'Espagne, I, 605.
L. Valerius, tribun 195, I, 457.
Q. Valerius, préteur 242, I, 380.
Q. Valerius, II, 466.
M. Valerius Corvus (dictateur 342), I,
  273. 292. 339.
L. Valerius Flaccus (consul 195, cen-
  seur avec Caton), I, 449. 453. 456.
  476. 499. 501. 502. 515.
L. Valerius Flaccus (consul 131), I,
  600. II, 23.
L. Valerius Flaccus, II, 81; consul
  100, 89. 94; censeur 97, 99; prince
  du Sénat 86, 150; interroi 82, 166;
  mag. eq. 82, 169.
L. Valerius Flaccus, édile curule 98,
  II, 98; consul 86, 149. 153.
L. Valerius Flaccus, préteur 63, II,
  275; 318. 323.
M. Valerius Lævinus, consul 210, I,
  423. II, 680.
P. Valerius Leo, II, 415.
M. Valerius Maximus (dictateur 494),
  I, 129. 132. 133. II, 679.
M. Valerius Maximus, censeur 307,
  I, 330.
M. Valerius Maximus Messalla (consul
  263), I, 376 et seq. 383.
M. Valerius Messalla, censeur 154, I,
  573 et seq.
M. Valerius Messalla, II, 276. 377 et
  seq. 381. 387 et seq.; consul 53,
  398. 431.
M. Valerius Messalla Corvinus, II,
  621. 629. 659. 661. 666. 669.
M. Valerius Messala Niger, consul
  61, II, 293; censeur 55, 372. 376;
  386.
P. Valerius Nepos, II, 415 et seq.
Q. Valerius Orca, préteur 57, II, 341.
P. Valerius Poplicola, consul 509, I,
  117 et seq. 249. 254.
P. Valerius Poplicola, consul 352, I,
  270.
L. Valerius Potitus, consul 449, I,
  105. 154. 179. 182.
L. Valerius Probus, I, 328.
L. Valerius Triarius, préteur 77, II,
  194; 235 et seq. 485.

P. Valerius Triarius, II, 386. 388.

Valgius, II, 262.

Vallis Murcia, I, 60.

Vardéens, II, 147 et seq.

L. Vargunteius, II, 245. 272. 282.

P. Varinius Glaber, préteur 73, II, 203 ; 226.

M. Varius, II, 199.

Q. Varius, tribun 90, II, 114. 118. 120. 124.

L. Varius Cotyla, II, 588. 590. 625.

P. Vatinius, tribun 59, II, 310 et seq. 324 et seq. 337 et seq.; 352. 357· 359; préteur 55, 372; 385; consul 47, 487 et seq.; 511. 519. 527. 542. 592. 632. 716.

Vectigal, vectigalia, I, 151. 504. 516. 544. II, 12. 50. 59. 63. 259. 302. 503. 587.

— *agri campani*, I, 481.

Véies, I, 77. 209.

Vejento, questeur 50, II, 456.

Velia, I, 16. 27. 372.

Velia (mons), I, 23.

Velites, I, 108, note 1.

Velitræ, I, 296. 297. 300. 301. 303.

Vénètes, I, 8.

P. Ventidius, préteur 43, II, 565. 591. 604; consul suff. 43, 617; proconsul, 621. 626. 636. 638 et seq. 649. 655.

Venus Genetrix, II, 500.

— Verticordia, II, 63.

Venusia, I, 345 et seq. 443. 444.

Ver sacrum, I, 413. 459.

Verceil, II, 82.

Vercingétorix, II, 422. 499.

M. Vergilius, tribun 87, II, 142.

A. Verginius, consul 494, I, 132.

A. Verginius, tribun, I, 162. II, 695, note 6.

L. Verginius, I, 179.

Proculus Verginius, I, 154.

Vermina, roi africain, I, 416.

C. Verres, questeur 82, II, 159; 176. 189; préteur 74, 197; 206 et seq.; gouverneur en Sicile 212; son procès, 213-215; 228. 235. 620.

Verulæ, I, 345.

Vesta, I, 5. 39. 40.

Vestales, I, 32. 40. 86. 596. II, 62. 249, note 11. 665, note 2.

Véterani, II, 90. 95. 188. 545. 547. 553. 559. 568. 574. 580. 585. 590 et seq. 631. 633. 635 et seq.

M. Vétilius, préteur, I, 594.

Vettius, II, 32.

L. Vettius, II, 283. 324. 398. 540.

T. Vettius, préteur, 59, II, 323.

Veto (des tribuns), II, 706; voyez *intercessio*.

Veturii, I, 25.

Veturius, I; 132.

L. Veturius, I, 502.

Sp. Veturius, décemvir, I, 171.

L. Veturius Philo, dictateur 217, I, 414.

Via Æmilia, I, 476. II, 74.

— Appia, I, 326.

— Flaminia, I, 404.

— Postumia, I, 569.

Vibenna, I, 24. 33. 36. 64.

C. Vibius Pansa, tribun 51, II, 429. 465; préteur 48, 469; 480. 495. 504. 511; désigné pour consul 43, 534. 536; consul 43, 550. 575. 582. 587. 590. 592. 594 et seq. 598. 599. 603.

L. Vibullius Rufus, II, 474.

Vicesima manumissionum, I, 259.

Viduæ, I, 103.

Vigintiviri agris dandis assignandis 59, II, 308. 313.

L. Villius, tribun 180, I, 511.

Villius Annalis, préteur 43, II, 620.

Vindiciæ, I, 180.

L. Vinicius, tribun 51, II, 429.

M. Vipsanius Agrippa, II, 615. 638 ; préteur 40, 641. 645. 653 ; consu 37, 654 et seq. 659. 661; 666 et seq. 671. 672.

Virginii, I, 179.

Viriathe, I, 594. 604 et seq.

Viridomarus, I, 399.

Vitellia, colonie, I, 296.

Vocatio, II, 701.

Q. Voconius Naso, II, 243.

Q. Voconius Saxa, tribun, I, 552.

Volaterræ, II, 178. 189.

L. Volcatius Tullus, consul 66, II, 239. 244 ; 355. 386. 452. 457. 462. 464.

L. Volcatius Tullus, préteur 46, II, 484 ; consul 33, 666.
Volones, I, 421. II, 124.
Volsci, I, 12.
T. Volturcius, II, 275 et seq.

L. Volumnius (consul 307), I, 330. 341. 347.
M. Volusius, édile plébéien 43, II, 621.
Vulcanal, I, 329.
Vulturnum, I, 455.

ERRATA

TOME SECOND

Page 12, ligne 14, *au lieu de* companus, *lire* campanus.
Page 15, ligne 14, *au lieu de* OEbutia, *lire* Æbutia.
Page 40, ligne 17, *au lieu de* M. Marcius, *lire* Cn. Marcius.
Page 45, ligne 27, *au lieu de* compagne, *lire* campagne.
Page 46, ligne 19, *au lieu de* page 28, *lire* page 30.
Page 54, ligne 16, *au lieu de* Furius, *lire* Fulvius.
Page 70, ligne 1, *au lieu de* L. Memmius, *lire* C. Memmius.
Page 80, ligne 27, *au lieu de* Cecilius, *lire* Cæcilius.
Page 87, ligne 20, *au lieu de* L. Servilius, *lire* C. Servilius.
Page 88, ligne 10, *au lieu de* Cœcilius, *lire* Cæcilius.
Page 97, ligne 7, *au lieu de* C. Decianus, *lire* P. Furius.
Page 99, ligne 5, *au lieu de* Furius, *lire* Junius.
Page 108, ligne 17, *au lieu de* Opimius, *lire* Opilius.
Page 110, ligne 15, *au lieu de* établisait, *lire* établissait.
Page 112, note 2, ligne 3, *au lieu de* Betucius, *lire* Betutius.
Page 148, ligne 16, *au lieu de* Lucinius, *lire* Licinius.
Page 151, ligne 14, *au lieu de* sæcularii, *lire* sæcularii.
Page 162, ligne 18, *au lieu de* C. ou de M., *lire* C. ou M.
Page 203, ligne 4, *au lieu de* 178, *lire* 179.
Page 204, ligne 20, *au lieu de* Mammius, *lire* Mummius.
Page 222, ligne 28, *au lieu de* 210, *lire* 209.
Page 260, ligne 8, *au lieu de* les impôts, *lire* des impôts.
Page 315, ligne 12, *au lieu de* ager stellatis, *lire* campus stellatis.
Page 317, ligne 1, *au lieu de* Cœpio, *lire* Cæpio.
Page 324, rétablir la pagination, 324 *au lieu de* 321.
Page 335, ligne 16, *au lieu de* grands jeux, *lire* jeux de la Grande-Déesse.
Page 359, ligne 22, *au lieu de* companus, *lire* campanus.
Page 363, ligne 18, *au lieu de* grands jeux, *lire* jeux de la Grande-Déesse.
Page 364, ligne 2, *au lieu de* grands jeux, *lire* jeux de la Grande-Déesse.
Page 373, ligne 18, *au lieu de* M. Aquilius, *lire* P. Aquilius.
Page 390, ligne 1, *au lieu de* Julianus, *lire* Junianus.
Page 397, ligne 19, *au lieu de* grands jeux, *lire* jeux de la Grande-Déesse.
Page 463, ligne 2, *au lieu de* grands jeux, *lire* jeux de la Grande-Déesse.
Page 657, ligne 26, *au lieu de* Donitius, *lire* Domitius.

TABLE DES MATIÈRES

LIVRE QUATRIÈME. — LA DISSOLUTION DE LA RÉPUBLIQUE

			Pages.
Chapitre	ı.	Ti. Sempronius Gracchus	3
—	ıı.	Persistance des divisions dans l'État romain	21
—	ııı.	Le tribunat de C. Sempronius Gracchus	35
—	ıv.	Réaction contre la législation des Gracques. — Incapacité de la noblesse	54
—	v.	Impuissance de l'opposition démocratique	85
—	vı.	Rome pendant la guerre sociale	101
—	vıı.	P. Sulpicius Rufus. — Triomphe du parti de Marius	134
—	vııı.	Dictature de L. Cornelius Sylla	162
—	ıx.	Triomphe et règne de l'oligarchie	188
—	x.	Cn. Pompée	211
—	xı.	Conjuration de L. Sergius Catilina	241
—	xıı.	Le consulat de M. Tullius Cicéron	257
—	xııı.	Triumvirat de Cn. Pompée, M. Crassus et C. César	285
—	xıv.	Le premier consulat de C. Jules César	307
—	xv.	Les commencements de l'anarchie	327
—	xvı.	La conférence de Lucques. Le second consulat de Pompée et de Crassus	361
—	xvıı.	L'anarchie	379
—	xvııı.	Le troisième consulat de Pompée	407
—	xıx.	Le conflit entre César et Pompée	422
—	xx.	La guerre civile entre César et Pompée	451
—	xxı.	Le passage à la monarchie	477
—	xxıı.	Monarchie de César	498

Chapitre xxiii. Assassinat de César 521

— xxiv. Antoine, usurpateur de la monarchie de César . . 545

— xxv. Octave, héritier de César 568

— xxvi. Cicéron et la République 582

— xxvii. Le premier consulat d'Octave 603

— xxviii. Le triumvirat 619

— xxix. Brindes, Misène et Tarente 642

— xxx. Chute du triumvirat ; victoire d'Octave 659

APPENDICE : A. La dictature 677

B. Le tribunat 694

INDEX GÉNÉRAL 719

ANGERS. — IMPRIMERIE A. BURDIN ET Cie, 4, RUE GARNIER.

HISTOIRE INTÉRIEURE DE ROME

TOME DEUXIÈME

ANGERS, IMPRIMERIE BURDIN ET Cie, RUE GARNIER, 4.

HISTOIRE INTÉRIEURE

DE ROME

JUSQU'A LA BATAILLE D'ACTIUM

TIRÉE DES RÖMISCHE ALTERTHÜMER

DE

L. LANGE

PAR

A. BERTHELOT ET DIDIER

Agrégés d'histoire

TOME DEUXIÈME

PARIS

ERNEST LEROUX, ÉDITEUR

28, Rue Bonaparte, 28

1888